EN TORNO A LA INTERACCIÓN CON LOS ESPÍRITUS

Ramón Navarrete Pujol

Publicado por Ibukku
www.ibukku.com
Diseño y maquetación: Índigo Estudio Gráfico
Copyright © 2021 Ramón Navarrete Pujol
ISBN Paperback: 978-1-64086-971-4
ISBN eBook: 978-1-64086-972-1

ÍNDICE

A la memoria de mis padres

Dora Pujol Pujals

y

Gabriel G. Navarrete Porrata

R.N.P.

El autor desea expresar su profunda gratitud a sus hijos Ramón y Román y a su esposa Mariblanca Martínez, por el constante estímulo y cooperación invaluable; así como a su hermano, Gabriel Navarrete Pujol, como los anteriores, protagonista de muchos de sus capítulos, por sus valiosas informaciones y aportes para la realización de este trabajo.

"No mirando nosotros a las cosas que se ven, sino a las que no se ven; porque las cosas que se ven son temporales, mas las que no se ven, son eternas".

II Corintios, 4:18

"Puesto que la materia es fácil de controlar y manipular, sus estudiosos se sienten seguro de su trabajo, mientras que investigar lo paranormal nunca proporciona resultados seguros ni otorga prestigio social".

Anthony Ribb

Preliminar

En el presente trabajo ofrecemos un conjunto de experiencias en torno a la relación existente entre el mundo corporal, que representamos los vivos o encarnados, y el espiritual que nos rodea, con el que convivimos desde el principio e interactuamos cotidianamente, las más de las veces inconscientemente; es decir, sin percatarnos de ello.

Desde sus albores, la humanidad ha procurado comunicarse con el "más allá". Pero no es hasta mediados del siglo XIX, en que se tendería un puente vinculante entre el interesado y el ánima de la persona fallecida, a través de un médium (mediador), individuo con capacidades y virtudes especiales, indispensables para recepcionar datos o noticias relevantes aportados por el entrevistado. Como señala Anthony Ribb en su obra "Espiritismo":

"Religión o filosofía, el espiritismo admite como válida la creencia de que los difuntos sobreviven a la muerte corporal y por su anterior experiencia pueden comunicarse de nuevo con los vivos. Para ello necesitan habitualmente de un médium humano, dotado de cualidades naturales, que es capaz de encauzar los mensajes que llegan en forma de sonidos, formas o telepatía". (Ribb, págs. 11-12).

Partiendo del postulado anterior, queda claro que la vía más efectiva para la intercomunicación es por medio de una canalización mediúmnica. Sin embargo, los espíritus se manifiestan muy frecuentemente a personas comunes, no mediúmnicas, para transmitirles las más diversas informaciones, que pocas veces logran descifrar. Por lo general seleccionan a individuos creyentes, no fanatizados en religión o no dogmatizados por el materialismo ateo, con actitud de respeto y flexibilidad mental; receptivos a los mensajes –sutiles o palmarios– partidarios de la doctrina espírita, o tolerantes con ella, porque conocen de antemano que, de esa manera, la conexión será mucho más fácil, rápida y eficaz. Al respecto, Ribb afirma en su citada obra:

"El espiritismo es, al mismo tiempo, una ciencia de observación y una doctrina filosófica. Como ciencia práctica consiste en las relaciones que se establecen entre nosotros y los espíritus; como filosofía, comprende todas las consecuencias morales que derivan de esas mismas relaciones". Y luego añade:

"El espiritismo es la nueva ciencia que viene a revelar a los hombres, con pruebas irrefutables, la existencia y la naturaleza del mundo espiritual y sus relaciones con el corporal. Nos lo presenta no como una cosa sobrenatural, sino al contrario, como una de las fuerzas vivas que incesantemente obran en la Naturaleza, como el origen de una multitud de fenómenos incomprensibles hasta ahora relegados, por esta razón, al dominio de lo fantástico y de lo maravilloso". (Ribb op. Cit. Pág. 87).

El objetivo principal de esta compilación es aportar experiencias concernientes a la interacción incesante entre vivos y espíritus en el plano terrenal de una manera sencilla, comprensible y didáctica. Cada situación expuesta cuenta con la apoyatura de ejemplos de sucesos verídicos extranormales, análogos a los que a diario resultan inadvertidos –o desdeñados– por sus observadores en todo el Globo, al no concederles la connotación requerida.

El problema radica en la actitud y en la capacidad perceptiva-receptiva de cada cual ante estos eventos. Constantemente nos emiten plurales mensajes desde ultratumba (de distintos niveles de importancia) que, dado lo *sui generis* del lenguaje extracorporal, no conseguimos descifrar porque indubitablemente, el principal obstáculo al desarrollo exitoso de esa relación lo constituimos nosotros mismos por la empecinada incredulidad o indiferencia, por una postura mental negativa e intransigente a todo fenómeno que no se rija por las leyes físicas planetarias; es decir, por la imposibilidad de palparle, medirle, pesarle o reproducirle en el laboratorio o mediante una ecuación matemática. Sobre este particular comenta Ribb:

"Hay que tener en cuenta que entre la mayoría de los incrédulos hay más fanfarronería que verdadera incredulidad. Mucha gente adoptó en su juventud una postura atea por considerarse así más inteligente o más rebelde, pero ni siquiera tienen una concepción en sus propias creencias. Cuando las cosas se les ponen feas y presienten la muerte, tienen más miedo de la nada de lo que procuraron aparentar y pronto nos damos cuenta de que era una postura, una pose que ellos juzgaban como muy moderna y atractiva".(op. Cit. Pg. 100).

La literatura espiritista se ha dedicado con prioridad a la cimentación y explicación de su andamiaje teórico, a partir del mediodía de la centuria diecinueve. Sin embargo, a buena parte del público le resulta densa, complicada, poco accesible, acaso por una disociación involuntaria entre la parte teórica y la práctica y quizás por un escaso énfasis otorgado a mostrar ejemplos de la vida misma, de la interacción cotidiana con los espíritus.

Debemos considerar seriamente y tener siempre presente, que los difuntos no cesan en el empeño de contactar con sus dolientes. Que para ello apelan a los más diversos e inconcebibles procedimientos, acordes con su posición, posibilidades y poder. En oportunidades se las ingenian para revelarnos su presencia, que no estamos solos;

otras para "marcar territorio" y concientizarnos de que comparecen allí, que ocupan un lugar en el espacio aunque casi nunca los veamos, o para prevenirnos ante un peligro inminente.

Algunas de las argucias y estrategias empleadas para ello, las hallará el amable lector a medida que se adentre en las páginas del texto, que para su mejor comprensión ha sido elaborado utilizando un lenguaje claro, sencillo, sin pretensiones teóricas o literarias. Como ya expresamos, cada asunto está ejemplificado con sucesos reales, conocidos de primera mano, o avalados por la procedencia confiable de la fuente.

Finalmente, si esta colección de vivencias contribuyera de alguna manera a facilitar el entendimiento del complejo mundo espiritual circundante (tan incidente en nuestras vidas) y alimentara la vocación por su estudio, el autor se sentiría plenamente satisfecho por la labor realizada.

R.N.P.

I.-La comunicación a través de los sueños

Una de las vías más comunes utilizadas por los espíritus para contactar con los vivos, es por medio de los sueños. Sucede que cuando dormimos, el cuerpo, que es materia, descansa y recupera las energías gastadas en el día. El espíritu, empero, se mantiene siempre alerta, en movimiento.

…"Así recobra algo de su libertad y se comunica con los que aprecia, bien sean de este mundo o de otros. Pero como el cuerpo es materia pesada, conserva con dificultad las impresiones que ha recibido el espíritu, porque no los ha percibido por medio de los órganos del cuerpo". (Ribb op. Cit. Pg. 73).

Sobre este interesante aspecto, Allan Kardec afirma en su fundamental libro "El Génesis Los Milagros y las Profecías":

"El espíritu es feliz al abandonar el cuerpo, como un pájaro que deja su jaula. Aprovecha todas las ocasiones en que puede escaparse y disfruta de todos los instantes en que su presencia no es necesaria para la vida de relación. Este fenómeno recibe el nombre de emancipación del alma. Siempre ocurre durante el sueño, todas las veces que el cuerpo descansa y que sus sentidos están inactivos". (El Libro de los Espíritus, Cap. VIII. Libro Segundo).

Uno de los eventos más frecuentes consiste en soñar con seres queridos fallecidos, que regresan al plano terrenal a visitarnos. Son los denominados "sueños de visitación" (La Grand, 2001). Veamos el siguiente ejemplo:

Abuela Dora nos visita en su décimo aniversario

Gabriel es un fiel creyente en el mundo de los espíritus. Ha recibido innumerables pruebas y mensajes que solidifican, con creces, esa convicción.

Una mañana del año 1975, conversaba sobre el tema con abuela Dora en la vieja casona de Cuabitas. Ella, que era un poco escéptica para aceptar la existencia del "más allá", le manifestó la siguiente promesa:

—De ser cierto que hubiere vida después de la muerte, aseguro que si puedo, te daré algún tipo de testimonio de ello —afirmó la anciana mirándole fijamente. A lo que él respondió:

—¿De veras, abuela?

—Así es—contestó resuelta.

—Entonces, ¿trato hecho? —preguntó el nieto satisfecho.

—Trato hecho—ratificó la octogenaria.

Transcurrieron tres años de la agradable plática. La abuela expiró en el invierno de 1978, víctima de bronconeumonía. Año tras año, Gabriel aguardaba pacientemente por el cumplimiento del pacto contraído, del cual era el único testigo y parte, pero no captaba la más mínima señal del otro lado de la cortina.

Llegó la víspera del décimo aniversario del deceso de la venerable matriarca. Nuestros padres arribaron un día antes para su conmemoración. Después de la sobremesa, fuimos a la cama temprano aquella noche. Pronto el silencio imperaba en el vetusto caserón. A las cuatro de la madrugada, Gabriel despertó repentinamente, sin motivo aparente. Se encontraba en el aposento con su esposa Miriam. La madrugada bien quieta, sólo perturbada por el "concierto" de ronquidos que interpretaban mamá y papá. Entonces, comenzó a escuchar cada vez más cercano, un sonido familiar: ¡el de las pantuflas que usaba abuela todas las noches! «¡Dios mío!», proclamó en su interior, sorprendido y azorado. «¡Esas son las pantuflas de abuela, y vienen hacia acá!».

En efecto, el inconfundible y nítido ruidillo avanzaba del primer cuarto —en el que vivió diez años atrás— y ya invadía la cocina. Miriam dormía profundamente, ajena a lo que acontecía. Ante la inminente entrada del espectro por el umbral de su habitación, encogió al máximo el cuerpo, para que las extremidades inferiores no sobresalieran ni un milímetro fuera del colchón; eludía un roce con el espíritu de Dora que se avecinaba, pero éste se detuvo fuera. La espera parecía infinita. En la alcoba colindante, opuesta, atravesando el comedor, se escuchó una voz:

—Gabrielito, ¿por qué encendiste la luz? acabas de despertarme —reclamó mamá. Papá, perezosamente, contestó:

—No, Dory, no he sido yo, estoy aquí acostado en el otro cuarto. Déjame dormir.

Ella se incorporó y apagó la bombilla, sin mayores consecuencias. Pero nuestro hermano, que aguardaba despierto y tenso, supo que no había sido su progenitor quien activó la fuente luminosa, sino el ánima de abuela, para dejar constancia de su visita a su hija. Sólo él lo conocía y con esa convicción permaneció encamado, hasta caer en el dominio de Morfeo poco después.

A las ocho de la mañana ya estaban listos para trasladarse al cementerio. Acudimos para despedirles. Luego de intercambiar saludos, relatamos sucintamente lo que por la noche soñamos:

—Estaba sentado en el cuarto de estudio y súbitamente Dora penetró sonriente. Me incorporé como resorte y nos fundimos en un profundo y prolongado abrazo, tan real que percibí su olorcillo característico; palpé al detalle sus huesos y las "banderas" de piel flácida que colgaban de sus brazos. ¡Abuelaaa!—exclamé— a lo que respondió: «¡¿Viste como vine a verte?!». Desperté todavía captando su fragancia, con su frágil anatomía entre mis brazos.

Gabriel palideció y al instante exclamó:

—¡No es posible! ¡No me digas eso, hermano!

No entendíamos su desmedida sorpresa por un sueño tan agradable y vívido, ignorábamos por completo lo por ellos pactado más de una década atrás. Él comprobó que abuela cumplió su promesa y para que no dudase de ello, dejó constancia de su visita desde el "más allá" a otras dos personas muy ligadas a ella sentimentalmente: su hija Dorita y su nieto Ramón.

En ciertos sueños de visitación, comparecen personajes desconocidos y se identifican revelándonos sus nombres a manera de presentación, como sucedió en el siguiente caso.

La presentación de Fermín

Fermín Cowley Gallegos fue un militar en los tiempos de la dictadura de Fulgencio Batista. Estaba casado con Nenita, hija de Joaquín Planas, segundo esposo de la abuela Dora. Destacado en la ciudad de Holguín, viajaba frecuentemente a Santiago de Cuba a despachar asuntos militares.

En sus ratos libres, en cada corto viaje iba a ver a sus suegros (nuestros abuelos) en la casa del poblado de Cuabitas, donde residían a la sazón. Fermín gustaba sentarse en el extenso y fresco corredor de la morada, frente a la avenida de Federico Rey. Como llovía a menudo, el suelo se saturaba y enlodaba, lo que dificultaba el parqueo y manipulación de su automóvil. Por eso mandó a fundir una rampa de concreto de varios centímetros de espesor.

Con posterioridad al desembarco del Granma, se intensificaron las acciones castrenses, tanto en la Sierra Maestra como en la ciudad de Santiago de Cuba. La insurrección se propagaba a otras comarcas de la región oriental de Cuba. Como respuesta inmediata, el ejército de Batista arreció sus represalias. Uno de los oficiales más activo, enérgico e implacable con el adversario fue, precisamente, Fermín Cowley. Su tropa casi extermina a los expedicionarios del "Corintia" desembarcados al norte de la antigua provincia de Oriente. Bajo su mando fueron capturados y ejecutados numerosos revolucionarios en la ciudad de Holguín, un día de Pascuas, hecho que se conoce en la historia como las "Pascuas Sangrientas".

El movimiento 26 de Julio eliminó al temible coronel en la propia ciudad holguinera. En efecto, un comando dirigido por William Gálvez le voló la cabeza con un certero disparo de escopeta.

Dos décadas después de su muerte, ocupábamos la vieja casa de Cuabitas los dos hermanos con sus respectivas familias. Mariblanca no conocía a Fermín ni había oído hablar de él, pues su niñez y adolescencia las vivió en la alejada zona de Pilón, costa sur del levante de Cuba.

Una madrugada, mientras dormía con nuestros hijos Ramón y Román, tuvo una experiencia reveladora. Soñó que se hallaba acostada,en la cama en que se encontraba físicamente en ese momento y divisó, a través de las tres paredes de la casa, la del cuarto, la de la cocina y la exterior (donde se impostaba la cerca de alambres de púas y postes de madera que marcaba el límite del lote de los abuelos y el perteneciente a las Busch) a un hombre de la raza caucásica, alto, vestido con un traje militar reluciente, de color blanco, que avanzaba erguido y firme desde el terreno colindante hacia el nuestro. Maravillada de que consiguiera ver por entre las paredes, empezó a preocuparse por la trayectoria del extraño sujeto y cómo éste traspasaba la cerca limítrofe sin necesidad de agacharse, pues no tropezaba con ningún obstáculo. Se fue aproximando a la casa. Mariblanca no daba crédito al paso del militar por las distintas paredes de la vivienda, llegando hasta el mismo aposento. Aunque dormía, su mente coligió que aquello no era normal. Entonces habló:

—¡Oiga! ¿Quién es usted? ¿Qué hace aquí? Ramón no está.

El uniformado, pausadamente, contestó:

«Yo soy Fermín Cowley».

Aquel nombre no significó nada para la interlocutora, que nerviosa añadió:

—Ya le dije que Ramón no se encuentra, así que, por favor, salga ahora mismo de la casa.

Al finalizar las palabras conminatorias, despertó sobresaltada; no aceptaba que fuese sólo un sueño, había sido demasiado real. Nos buscó desesperadamente en la cama y al instante recordó que iniciábamos la jornada laboral de madrugada.

Mariblanca no logró extirpar de su mente el misterioso encuentro con el invasor nocturno de la propiedad. Cuando retornamos al hogar en horas de la tarde, reveló pormenorizadamente el "mal sueño" sufrido, pero al escuchar de sus labios que la persona descrita se identificó como Fermín Cowley, quedamos impactados. Recuperados de la inconcebible sorpresa, nos movilizamos al cuarto de estudio y agarramos una antigua revista "Bohemia", Edición Especial del año 1959, en la que comparece una foto de Fermín herido en campaña. Cubriendo con la mano el enunciado del pie de foto, interrogamos:

—¿Será éste el individuo con quien dialogaste en el sueño?

Mariblanca observó la imagen con interés, sus ojos parecían desencajarse de las cuencas, su asombro desconocía los límites.

—¡Sí, Ramón, es él! Pero ¿cómo lo averiguaste?

La invitamos a sentarse. Entonces escuchó, por primera vez en su vida, acerca de Fermín Cowley y qué lo vinculaba a la familia. Comprendimos que lo acontecido aquella madrugada, más que un desagradable sueño, más que una angustiosa pesadilla, se trató de un contacto entre el alma de Mariblanca y la del difunto aludido; testimonio que se suma al criterio de que, en ciertas oportunidades, cuando dormimos, se viabiliza la comunicación con espíritus de personas fallecidas, que muchas veces ni tuvimos la posibilidad de conocer cuando transitaron, encarnados, por el plano terrenal.

Otra experiencia increíble con el espíritu de Fermín le sucedió a Carmen González, que había venido a visitarnos desde la ciudad de Santa Clara.

Una noche, en la casa de Cuabitas, entre dormida y despierta, observó arribar a un militar vestido con uniforme blanco, en un automóvil grande; parquear en la rampa y asomarse sonriente por la ventana de la sala donde dormía. El individuo se identificó como Fermín Cowley. Carmen lo describió físicamente con exactitud milimétrica, a pesar de no haber nacido cuando él existió. Tan sólo disponía de una información general sobre las "Pascuas Sangrientas" leída en un libro de historia, años atrás. Afirmó que la vivencia resultó real e inexplicable. Vale aclarar que hasta entonces ignoraba por completo la pretérita vinculación entre el coronel, la familia y la casa de Cuabitas. Una vez enterada, quedó tan impresionada y asustada que manifestó su deseo de marcharse de inmediato. Así lo hizo. Todavía hoy, tres décadas después, relata aquello como si acabara de experimentarlo.

No debemos omitir un evento suscitado a principios de la década del sesenta con el espectro de Fermín, en la propia casa de Cuabitas. Los tíos Bebito y Victoria y su hijo Taca, fueron a vivir con abuela Dora, al enviudar por segunda vez.

Comenzaba a anochecer y Victoria acababa de despedir al viejo Antonio, que diariamente asistía a la casa donde trabajó largos años como jardinero. Por las tardes acudía a ingerir un plato de comida que se le guardaba, ya no desempeñaba su función por su avanzada edad. Al instante Victoria le vio cruzar por el patio trasero. Preocupada por la oscuridad y por la escasa vista que le restaba al antiguo empleado, procuró interceptarlo y evitar un posible accidente.

—¡Antonio, espere ahí, mire que se va a caer!

Mientras hablaba, acortaba distancias con celeridad. Él arribó a la mata de limón y se detuvo de espaldas.

—¡Óigame, Antonio, ya es demasiado tarde, vuélvase a casa, por favor!

En eso quedó petrificada cuando, al voltearse el increpado, se percató aterrada de que no se trataba de Antonio, como suponía; ante sus azorados ojos lucía, apacible y sonriente, el coronel Fermín Cowley. Un grito desesperado brotó de su garganta, emprendiendo una recia carrera a casa, donde penetró pálida y trémula. Interrogada insistentemente por los presentes, poco a poco, entre inspiraciones y sorbos de agua, consiguió detallar el suceso. Constituyó la primera ocasión en que el espíritu de Fermín se manifestó en la casa de Cuabitas al cabo de un lustro de muerto. (Lámina I).Durante los sueños resulta bastante común recepcionar cuantiosa información acerca de un acontecimiento o un sitio que desconocemos por completo. Por ello, sin saber por qué, fácilmente describimos un escenario o narramos un suceso, con tal exactitud, como si hubiéramos sido testigos presenciales. Los teóricos del espiritismo afirman que el alma se desprende del durmiente cuerpo y se traslada al lugar de los hechos y, al regresar, provee un bagaje de detalles y datos insospechados. Otros estudiosos estiman que son los espíritus protectores o guías los que proporcionan el conocimiento mientras dormimos. Veamos el siguiente caso:

El escorpión negro

Aquel viernes, avanzada la noche, llegamos a la casa de Caletón Blanco. Papá, siempre dispuesto a pescar, disponía de la indispensable carnada capturada durante la semana. A pesar de lo tardío de la ocasión, partimos rumbo a la playa de Cojímar, enclavada a poco más de dos kilómetros al oeste del punto de residencia.

A la luz tenue de un farolito de queroseno, colocamos los avíos e iniciamos la faena. Ante la ausencia de picadas, nos enfrascamos en una animada charla que cada vez incluía más temas. En realidad, lo que estaba funcionando era el "Plan B": si no pescamos descansamos contemplando el mar, el firmamento y todo el entorno natural.

Transcurrió el tiempo sin novedad. Decidimos echarnos sobre la arena, mezclada con ligeros guijarros marinos, para deleitarnos con un fantástico "baño de estrellas" y, a la vez, proporcionar algo de descanso a la adolorida espalda. Al apoyar el brazo izquierdo en la granulosa superficie, recibimos un ardiente y paralizante aguijonazo.

—¡Ay, ay!—exclamamos llevando el miembro ileso al dañado.

—¿Qué te pasó, hijo?—preguntó papá.

—Toma, busca con el farol.

Registramos palmo a palmo el área que ocupábamos. De repente, su desplazamiento por las pequeñas piedras, originaba un ruidillo que le delató: avistamos un enorme escorpión negro que se internaba en una estrecha ranura, por debajo de una gran roca encajada en el terreno. Infructuosamente intentamos capturarle. Incrustamos, incluso, los cuchillos de pesca por las fisuras o intersticios que exhibía cada faceta de la piedra en que se refugió, pero escapó sin remedio.

La paralización momentánea del brazo paulatinamente disminuyó. El punto de la picadura se tornaba morado, cesó el mareo inicial y nos sentimos en condiciones de retornar a casa, dando por concluida la frustrante pesquería.

Mamá se inquietó con lo acontecido y aconsejó que acudiéramos al médico, pues la extremidad se amorataba aceleradamente en la zona en que penetró la ponzoña del escorpión y vertió su contenido tóxico. Por suerte, la cosa no trascendió a mayores consecuencias y el domingo en la tarde, nos despedimos y partimos hacia la ciudad de Santiago de Cuba.

Cuando arribamos a casa, Mariblanca indagó visiblemente preocupada:

—¿Estás bien, Ramón?

—Claro, amor ¿por qué no habría de estarlo?

—Es que tuve un sueño malo contigo—respondió.

—¿Y qué soñaste?

—Verás: fuiste a pescar con tu papá a la playa. Corría el tiempo y no picaban; entonces te recostaste en la arena para descansar un poco la espalda y recibiste el aguijonazo de un gran alacrán negro en tu brazo izquierdo. Diste un grito y te levantaste. Sólo consiguieron verle cuando se introducía por unas rajaduras que mostraba una roca enterrada cercana. Trataron de sacarle del escondrijo, sin éxito.

Quedamos perplejos con lo soñado, así como por los nítidos e inequívocos datos y descripciones   expuestos. Entonces alzamos la manga de la camisa y exhibimos el sitio afectado.

—¡No puede ser, Ramón ¡idéntico al sueño!

Al hematoma violáceo se sumaba ahora una bolita de pus. En realidad, no dolía. Al tercer día exprimimos el tumorcillo en forma de pelotica y explotó, expulsando un material viscoso un poco maloliente. Sanó por completo y el brazo retomó su coloración normal.

¿Cómo puede explicarse este sueño tan preciso y tan verídico? Según parece, el alma de Mariblanca, desprendida del cuerpo, viajó decenas de kilómetros y observó el episodio mientras la materia reposaba, lo que le permitió describir, con increíble nivel de precisión, el evento.

Como asegura el Dr. Louis E. La Grand en su interesante libro "Mensajes de Alivio (Comunicación después de la muerte)". 2001:

"Aunque todavía se deben documentar en un marco de laboratorio, también se han reportado los sueños precognitivos por parte de individuos que no tenían conocimiento previo del evento o la información que recibieron. El punto es que los sueños son claramente una forma viable de recibir toda clase de información".

Un sueño hecho realidad

Cuando residíamos en Miami, la única área de caza que localizamos quedaba muy cerca de La Belle Glade, con sus adyacentes instalaciones agroindustriales destinadas a la producción de azúcar de caña provistas de extensos sembrados, castigados por una sobrepoblación de conejos. Los numerosos canales de irrigación propician la vida de diversos animales, sobre todo de una avifauna importante.

Por hallarse enclavada en el condado de West Palm Beach, era menester conducir como hora y media para arribar a la zona en cuestión. Allí pasábamos el día y regresábamos al anochecer, cargados de conejos y aves, principalmente.

Una madrugada partimos de cacería con Román. El dilatado camino lo "rellenábamos" con variados temas de conversación. Así fue como nos comunicó lo siguiente:

—Anoche soñé que cazábamos en Belle Glade y detectaste un diente fósil de tiburón en el suelo, lo recogiste y me lo mostraste. Desperté observando todavía en mis manos aquella rareza. Supongo que se trató de un sueño tonto, porque esa comarca dista mucho de la orilla del mar.

Después de escuchar atentamente, respondimos:

—En verdad sería un hallazgo atípico, poco probable. Fíjate que en mis largos años de desempeño como arqueólogo jamás recuperamos alguno y realmente este sitio resulta bien alejado de la costa.

Alcanzamos el punto de destino enfrascándonos de inmediato en la actividad cinegética. Ascendimos un lometón pegado al camino terraplenado, cuando algo atrajo nuestra atención en la irregular superficie: ¡un auténtico diente fósil de tiburón! Entonces llamamos a Román:

—Toma, hijo, aquí tienes tu sueño.

Éste lo agarró sin demora y exclamó sorprendido:

—¡Increíble, es un auténtico diente fósil de tiburón! ¡Acabas de convertir mi tonto sueño en realidad.

Román había experimentado un sueño precognitivo:

"Un sueño que proporciona información acerca de un evento futuro antes que este ocurra, y del cual el soñador no había recibido ninguna información previa a través de la percepción de los sentidos". (La Grand, 2001).

Lo entregamos a una señora descendiente de la tribu Cherokee, para que lo montara como dije central de un collar y obsequiárselo a Román. Prometió entregarlo en breves días. Jamás volvimos a verla. La extraordinaria pieza, a la que ni siquiera fotografiamos, desapareció tan súbita y misteriosamente como llegó a nuestras manos.

Sueños de revelación, heráldicos o premonitorios.

Las almas de familiares cercanos, de antepasados, de amigos y conocidos que nos rodean, aprovechan los sueños para contactar de forma efectiva y transmitirnos revelaciones de prevención o alerta. Incalculable el esfuerzo y energía desplegados en esa misión de repercusión sustancial en nuestra vida, como evidencian estos casos reales:

Rudy

Conocimos a Rudy García en el año de 1980, a raíz de su nombramiento como profesor de Física en la escuela Ángel Espinosa, donde impartíamos Español y Literatura Cubana desde 1975. Acababa de regresar, como soldado, de la aventura militar de Angola. Como veterano de la campaña africana (que enlutó a miles de hogares cubanos) exponía nerviosismo y otros desajustes psico-somáticos, producto del estrés bélico.

Casado y padre de dos hijos, se graduó en el Instituto Superior Pedagógico Frank País, como profesor de Física. Pronto, insatisfecho con el oprimente medio, renunció a su cátedra y comenzó a ganarse el sustento a través del negocio de compra y venta de frutas, principalmente.

Un día, nos manifestó sus deseos de abandonar el país de forma clandestina —pues de manera legal era poco menos que imposible— para sacar a su familia y reunirse en el extranjero. Para ello, trazó un plan de escape por mar, en una embarcación (balsa) fabricada con neumáticos (cámaras de camión) asidos a una estructura de madera y metal. Le acompañarían dos jóvenes pescadores submarinos: Francisco Estrada y Pedro Columbié. Se lanzarían al agua al oscurecer, por la playa de Cazonal, al este de Santiago de Cuba y al oeste de la vecina localidad de Baconao, rumbo a la base naval de los Estados Unidos en la bahía de Guantánamo. Remarían toda la noche, cerca y paralelo a la línea de la costa, siempre al este, calculando recalar en la entrada marítima de la estación naval al amanecer.

Le advertimos sobre los peligros a que se expondrían, pero su resolución era irreversible; lo animaba la ilusión y la firme esperanza en el éxito del proyecto liberador. Pasaron los días y las semanas sin noticias suyas.

Una vez soñamos con él. Se presentaba en medio de la noche, sin luna, huyendo, con la ropa hecha jirones, sudoroso y la piel llena de sangrantes rasguños, jadeante, nervioso y desesperado. Nos dividía un vallado de tablas imbricadas, a través del cual podíamos vernos, pero no tocarnos. Entonces, mirándonos fijamente dijo:

«Los guardafronteras acabaron con nosotros, nos traicionaron y aniquilaron. ¡Ya vienen, me marcho! Nava (como cariñosamente nos decía) comunícaselo a mi familia». Desapareció en la penumbra.

Despertamos sobresaltados, el sueño lucía demasiado vívido. Nos atormentaba el hecho de no saber nada de él. Se lo relatamos a Mariblanca al detalle, señalando la necesidad de visitar a su esposa Mirtha, pero desfilaron los días y, por una u otra razón, no asistíamos.

A las pocas noches compareció el desaparecido en sueños. De nuevo se interponía la cerca de madera. Arribó veloz, desgarrada la ropa, sudoroso, demacrado, sin aliento y con la piel lacerada por numerosos raspones y heridas, se detuvo y exclamó:

«¡Nava, nos traicionaron y eliminaron sin compasión! Díselo a Mirtha, que cuide a los niños, que entregue los números de la bolita (juego de apuestas, ilegal en Cuba) que le doy. Ella no hace caso e invariablemente salen, que cumplimente lo que le digo, el dinero es necesario. ¡Me voy, ya llegan!».A continuación, escuchamos el ladrido de los perros y las voces de mando que se acercaban. Él reemprendía la huida y desaparecía.

Al despertar nos embargó la sensación de haber vivido el suceso, que el diálogo ocurrió verdaderamente.

Aquella tarde, Mirtha nos recibió en su casa; al vernos rompió en llanto de emoción. Tras un profundo suspiro, afirmó:

—Extrañaba la presencia de ustedes. Rudy desapareció hace dos meses. Le he buscado por todas las cárceles, los puntos de guardafronteras, las estaciones de policía, inútilmente. Las autoridades afirman desconocer su paradero—declaró secándose los empapados ojos. Luego prosiguió—:

Había pactado con un guardafronteras para que los remolcara frente a la base naval norteamericana. Le pagó cinco mil pesos, supongo que igual cifra abonaría cada uno de sus acompañantes. El militar, que con frecuencia acudía aquí a conversar y beber con Rudy, nunca más volvió; incluso cruza por la calle de arriba, eludiendo ésta. Anda esquivo, como quien sabe algo y alberga un delito. ¡Dios sabrá!—concluido un suspiro, retomó la narración—:

He intentado averiguar si reside en los Estados Unidos o si se encuentra internado en algún campamento para refugiados, fallidamente. Supongo que si hubiera logrado el objetivo de seguro lo hiciera saber. El silencio absoluto induce la sospecha de que posiblemente corrieron la misma triste suerte. Los tres se esfumaron sin dejar rastro, como devorados por el océano—seguidamente, añadió:

—Sus hijos están destruidos, su madre casi no habla, se ha tornado huraña y taciturna. Sueño frecuentemente con él. Tú sabes que le encantaba jugar la bolita. Me ha dado varios números, pero olvido entregarlos al listero, después me entero de que salieron; nuevamente me proporciona otros, que no juego, e increíblemente resultan ganadores—concluyó.

—Mirtha, lo sorprendente es que, en sus visitaciones en sueños, se queja de tu indolencia, de que no le haces caso ni tomas en serio su revelación numérica. Insistió en que te lo reclamara. Aseguró que los guardafronteras les mintieron y exterminaron; les acusa de su muerte y de la de sus compañeros de infortunio.

Con honda tristeza en el rostro, la viuda se incorporó y nos abrazó trémula y bañada en lágrimas. A todas luces, el difunto se comunicó con ambos, canalizando similar mensaje a través de los sueños.

¡Que se quema la casa, María!

A raíz de su fallecimiento, Mariblanca comenzó a soñar frecuentemente con papá, no sueños simples o corrientes; eran portadores de mensajes verídicos, trascendentes, como en una ocasión en que su intervención urgente nos salvó de sucumbir, o al menos, de sufrir graves percances.

En efecto, una noche dormíamos profundamente. Serían entre las doce y la una de la madrugada, cuando Mariblanca escuchó, muy clara, la voz de papá, que la interpelaba por su nombre, insistentemente: «¡María, corre, que se quema la casa!».Ella se levantó con el eco del clamor imperativo en sus oídos. Una sensación de asfixia la embargaba. Abrió los ojos y, en la tenue luz del aposento, divisó humo blanquecino. Por ello gritó asustada:

—¡Ramón, Ramón, ven!

Perezosamente despertamos y notamos el ambiente enrarecido y pesado.

Inhalábamos más que oxígeno en las inspiraciones. Abandonamos con celeridad el cuarto y advertimos aún mayor humareda. El ruido pavoroso de combustión helaba la sangre. Una claridad rutilante enrumbó nuestro desplazamiento tropeloso. Descubrimos fuego en el área de cocción de alimentos. Una sartén con aceite fue olvidada sobre la estufa eléctrica. Monchito pensaba freír carne, pero regresó a su apartamento anexo a la casa y se quedó dormido frente al televisor.

Las llamas de aceite inflamado ascendieron a la campana extractora. La combustión comenzaba a propagarse por el gabinete de la cocina. Afortunadamente actuamos con rapidez y extinguimos el fuego justo a tiempo, gracias al providencial aviso del espíritu de papá, que impidió que perdiéramos la casa y, quizás, la vida. Otra contundente prueba de la interacción entre el mundo inmaterial o etéreo y el corporal, y de que algunos ancestros y seres amados fallecidos velan aún por sus dolientes, actuando como guardianes protectores.

¿De cuántos percances, accidentes o problemas nos librarán diariamente? ¿De qué diversas maneras influirán sobre nuestras pobres mentes ignorantes, ajenas al peligro, incapaces de prever o colegir lo que se nos avecina? ¿Cuánto esfuerzo desplegarán, de cuántas argucias y recursos se valdrán para intentar transmitirnos un mensaje salvador, que luego desdeñamos porque no entendemos o no sabemos interpretar cabalmente?

Invitamos al paciente lector a que haga una retrospección reflexiva de su vida, para memorar sucesos que, de forma inexplicable, intervinieron en la salvaguarda de su existencia, en la solución favorable de graves conflictos o como un heraldo inesperado que evitó una catástrofe personal o colectiva. ¡Gloria a Dios Eterno y luz a esas almas protectoras!

Son innumerables los casos en que los difuntos se comunican con nosotros durante el sueño, para formularnos peticiones de solución de asuntos que dejaron pendientes, o deseos sin saciar, como aconteció en el siguiente evento.

"Lo que quiero es el café"

Nuestros amigos Clara Rivera y Miguel Ángel Cabrera residían con sus hijos en una humilde casita junto al mar, muy cerca de la zona de El Cuero, en la costa sur, al oeste de la bahía de Santiago de Cuba.

El matrimonio atesoraba numerosas vivencias paranormales, como esta comunicación a través de los sueños: Cada semana, tres jóvenes de Santiago acudían a la costa a cargar arena en la playuela que limitaba, por el poniente, el terreno que usufructuaban. Trabajaban duro llenando a pala la cama del viejo camioncito norteamericano. Finiquitada la ardua jornada, se bañaban en las azules aguas para refrescarse y quitarse la arena adherida al cuerpo por el sudor. Luego pasaban por la casa de Clara, pues uno de ellos le rogaba que le colara café. Conversaban un rato y posteriormente partían de retorno a la ciudad. Con el trascurso del tiempo, esto se convirtió en rutina y el roce devino en amistad.

Una mañana temprano, arribaron al litoral y rellenaron hasta el tope el vehículo. Decidieron darse el chapuzón de costumbre. Nadaron hacia las olas, hasta lo profundo, donde giraron y fijaron rumbo a la orilla, emulando por el predominio de la velocidad. De repente, se escuchó un grito entre el ruido de las olas. De los tres competidores sólo dos alcanzaron la ribera. Devoraron con sus ojos al mar, esperando divisar al compañero retrasado,pero nada.

Jamás tocó la arena costanera. Se esfumó entre las espumosas ondas, a pesar de que nadaba diestramente. Aguardaron un tiempo prudencial y luego informaron de la desaparición al cuartel más cercano de tropas guardafronteras; éstas, a su vez, con la marina de guerra, para que emprendieran la búsqueda. La ejecutaron por días, fallidamente.

Clara y familia estaban consternados. Esa mañana quedaron a la espera de los muchachos foráneos, sobre todo al que degustaba del aromático café criollo, colado en el "empinado". A la tercera noche de su desaparición, Clara soñó que comparecía ante ella y le decía: «Lo que quiero es el café».

Despertó perturbada y triste. La segunda y tercera noches se repitió la experiencia de idéntica forma. El difunto insistía con vehemencia: «Lo que quiero es el café».

Para la buena mujer no restaban dudas, esa era la petición del espíritu del desdichado devorado por el mar. Entonces, como entendedora de los mensajes y señales del "más allá", se dispuso a cumplir su voluntad. Al siguiente día, con el alba, coló el clásico café e íntegramente, sin que nadie lo probara, con el tiznado jarro ardiente en sus manos, marchó hacia la solitaria playuela, incluyéndose en sus aguas hasta las rodillas y, contemplando el inmenso azul, proclamó:

—Aquí tienes el café, es todo tuyo—vertiéndolo en el mar—. Por favor, no me molestes más. Adiós.

Regresó al hogar para prepararle el desayuno a la prole. Desde aquel día, jamás soñó con el desaparecido. Al parecer, su alma, al saciar el deseo pendiente, se sintió satisfecha y en paz.

¿Por qué nos separaste?

Cuando murió mamá en el 2009, colocamos sus cenizas junto a las de papá, que partió hacia El Creador seis años antes, en la ciudad de Miami.

Un día, Mariblanca organizó el closet, vaciándolo totalmente. Clasificó su contenido y lo situó de nuevo en su interior. Pero, debido a la limitación del espacio disponible, la cajita receptora con los restos incinerados de mamá se dejó temporalmente fuera del atestado depósito, con la intención de reubicarla en un mejor lugar. Por ello, la trasladamos al cuarto de estudio, a un sitial adecuado.

A los pocos días, experimentamos un extraño sueño con papá. Se presentaba correctamente vestido, taciturno, sin hablar. Rápido se marchó, envuelto en una tristeza deprimente. Luego se repitió la ensoñación sin variación.

La tercera ocasión, el aparecido caminó hacia nosotros. Mirándonos fijamente, con el rostro grave y angustiado, rompió el silencio diciéndonos: «Estoy desesperado y desolado. ¿Por qué nos separaste a tu mamá y a mí?. ¿Hasta cuándo mantendrás esta situación?». Su imagen se desintegró, el sueño culminó. Nos dejó paralizados, perplejos, sin respuesta. ¿Qué reclamaba papá con tanta insistencia? ¿A qué separación se refería? Suponíamos que al fallecer mamá, se habían vuelto a reunir para siempre, en espíritu. De repente, un rayo de luz iluminó nuestra mente: Recordamos que distanciamos sus respectivas cenizas, cuando reordenamos el closet. ¡Claro, cómo no lo pensamos antes!

Sin demora buscamos en el cuarto de estudio el venerable contenedor de mamá y lo colocamos de nuevo junto al de su amado esposo. Una sensación de paz, satisfacción y alivio nos embargó completamente al cumplir la voluntad del difunto, que, dicho sea de paso, no reclamó nada más.

II.- LA PERCEPCIÓN EXTRASENSORIAL

Es como un sexto sentido que tenemos las personas que actúa igual que una alarma, o como un sensor de aviso y prevención ante situaciones anómalas.

Aunque el ojo humano no capte imágenes de cuerpos espirituales o fluídicos, a veces presentimos que una entidad se encuentre próxima a nosotros. Se nos eriza la piel, nos estremecemos y advertimos energías –por lo general negativas– alrededor. Son los ojos del espíritu que ven lo que para los ojos de la materia está casi siempre vedado. La percepción extrasensorial nos permite captar sensaciones de angustia, tristeza, frío o calor, miedo, odio, terror, ira, medio hostil, presencias invisibles, entre otras.

Este sistema de vigilancia insomne resulta un valiosísimo recurso que nos alerta de lugares que no son propicios, porque albergan entidades nada acogedoras que no desean compartir el espacio de su dominio con los vivos. La percepción extrasensorial obra independientemente, sin que nuestra voluntad intervenga; es espontánea y, sin que lo sepamos o valoremos, en múltiples ocasiones nos ha librado de situaciones sumamente peligrosas y perjudiciales, por ello debemos identificar sus señales, respetarlas y seguirlas, como un importante recurso intrínseco de supervivencia.

Como explica Allan Kardec en su obra "El Génesis, Los Milagros y Las Profecías". (págs. 296-297):

"Estos fluidos actúan sobre el periespíritu y éste sobre el organismo material con el cual se halla en contacto molecular. Si los efluvios son de naturaleza buena, el cuerpo recibirá una impresión saludable: si son malas, la sensación será desagradable. Si los malos son permanentes y energías, podrán ocasionar desórdenes físicos. Ciertas enfermedades no tienen otro origen". Y continúa:

"Los ambientes donde abundan los malos espíritus se encuentran impregnados por los malos fluidos que se absorben por todos los poros –digamos– del periespíritu, tal como el cuerpo absorbe las miasmas pestilenciales". (op. Cit. Pg. 297). Más adelante prosigue:

"También así se explica la ansiedad y el malestar indefinible que se siente en un medio antipático, donde los pensamientos malsanos provocan como corrientes de aire nauseabundo.

Se podrá decir: Es posible huir de los hombres que se sabe malintencionados, pero ¿cómo sustraerse a la influencia de los malos espíritus que pululan a nuestro alrededor y se deslizan por doquier sin ser vistos?".

Apreciemos algunos ejemplos de la vida real.

¿Ahora es que tú vienes, Abel?

Mariblanca tenía entre nueve y diez años de edad y residía con sus padres y hermanos en la finca El Salvial, comarca de la costa suroriental de Cuba, perteneciente a la actual provincia de Granma.

Había concertado con su primo hermano Abel (de la misma edad) para al siguiente día partir de pesquería a una piedra bastante amplia, que, a manera de minúsculo islote, afloraba del fondo del mar en la propia ensenada de El Salvial, frente a la Loma del Papayo.

Cuando la marea bajaba, se cruzaba a ella caminando sin dificultad, pero era menester aprovechar ese lapso para pescar, pues luego, cuando la mar recuperaba el territorio abandonado por unas seis horas, subía su nivel y ya era imposible arribar al punto a pie.

Henchida de entusiasmo, la noche anterior, a la luz mortecina de un mechón de querosene, capturó una apreciable cantidad de "maqueyes" (especie de cangrejo ermitaño terrestre) para utilizar su parte carnosa como carnada.

Llegó la hora convenida y Abel no aparecía. Demoró algo la partida, imaginando que el olvidadizo primo aún dormía o que desempeñaba tareas de último momento. Una vez más atisbó el sendero que conducía a la casa de Abel, pero se ofrecía limpio, desolado. Entonces echó a andar confiada hacia el anhelado objetivo, con la convicción de que él se incorporaría más tarde.

Cruzó sin dificultad el tramo de mar –casi seco– que separaba la playa del solitario promontorio. Su superficie era algo inclinada, conformada por millares de fragmentos del propio sitio, que el mar, el viento, la lluvia y el sol, desmenuzaban lenta, pero inexorablemente en el transcurso del tiempo, por lo que transitar por encima de la roca resultaba lento y ruidoso por el peculiar sonido inconfundible producido al pisar sobre piedra quebradiza.

Muy distraída estaba Mariblanca, aguardando la picada, cuando oyó con alegría unos pasos, supuestamente de Abel, que se avecinaban. Empero, atenta al cordel y segura de que sólo ellos ejecutaban esa actividad allí, no miró hacia atrás; el caminante se detuvo justo a su espalda y sintió esa sensación tan intrínseca que genera la inmediatez de las personas.

—¿Ahora es que tú vienes, Abel?

Transcurrieron unos segundos sin respuesta.

Entonces, enfadada, tornó la mirada hacia atrás; para su asombro, no había nadie alrededor. Un escalofrío profundo caló su piel. Advirtió, con claridad meridiana, las fuertes pisadas aproximarse a ella y experimentó la activación natural e involuntaria de sus alarmas extrasensoriales, cuando se percató de que no era precisamente Abel quién se detuvo a su espalda.

A pesar de ser una niña, de no disponer de ningún tipo de información –o formación– de carácter espiritual, algo le decía que aquello resultó anormal, ininteligible, inexplicable, por lo que decidió huir, salvar la distancia que la separaba de la firme línea costera y ubicarse a buen recaudo, junto a los suyos.

De la experiencia vivida una cosa quedó sumamente nítida para Mariblanca: esa mañana fue visitada en el pedrusco. Una presencia invisible se trasladó allí tras ella y se detuvo a su lado. Por eso nunca más acudió a ese pesquero, ni sola ni acompañada.

Como apreciamos, resulta muy claro que los reflejos de percepción extrasensorial asisten a los seres humanos desde que nacen hasta que dejan de existir. Aquí comprobamos cómo alertaron a una pequeña, de apenas diez años de edad, sobre la repentina concurrencia de una entidad paranormal.

Rincón Santiago

Corría el año de 1988 y desempeñábamos una investigación arqueológica en la comarca de Sevilla, municipio Guamá, por la Unidad de Protección al Medio Ambiente del Parque Baconao, junto a nuestro amigo y colega, el Lic. Jorge Bretones. Acampamos en la playa de Sevilla, dentro de la –por entonces– propiedad de la señora Blanca La O, viuda de Cebereco, general del Ejército Libertador Cubano, quien nos colmó de atenciones, que siempre agradecemos.

La investigación incluyó la revisión de otros puntos costeros colindantes, a fin de intentar disponer de una mejor visión global del pretérito trasiego humano por su geografía. Por esta razón, una vez finiquitada la tarea trazada como meta en la playa (donde detectamos un sitio arqueológico con huellas de transculturación indo-hispánica) emprendimos la exploración del tramo costero extendido al este de la punta Amarilla.

Bretones quedó en el campamento, a cargo de diversos menesteres, en tanto que partimos paralelo a la costa, hacia el oriente. Después de pasar por el conchal Sevilla II, que descubrimos en 1973, ascendimos una cuesta que corona la referida punta, para seguidamente descender por una cresta ondulada y llegar a una discreta playuela, donde localizamos claras trazas de una antigua presencia indocubana, sobre todo restos de origen marino, principalmente moluscos gasterópodos, exhibiendo la típica perforación apical practicada para extraer su parte carnosa comestible. Registrado el nuevo residuario y documentado fotográficamente, ampliamos la pesquisa al norte, en un vallejuelo inclinado hacia el mar. Avistamos un enorme anonal, cuyas matas revelaban gran vejez, pero excelente productividad, como indicaban las abundantísimas aromáticas frutas que colgaban de sus gajos. Atrajo la atención el montón de ellas caídas, podridas en el suelo. ¿Sería posible que nadie las recogiera, con tanta necesidad alimentaria en la región y en todo el país? Incomprensible. Acopiamos contentos las maduras para conducirlas al campamento. Avanzábamos por entre las copiosas plantas, que concedían densa sombra y perenne frescor al enclave; de súbito experimentamos la angustiosa sensación de no ser bienvenidos y de estar vigilados, a través de las alarmas extrasensoriales.

Un soplido helado nos enfrió la nuca, estremeciéndonos y paralizándonos por unos segundos. Comprendimos que teníamos compañía, aunque nuestros azorados ojos no captaran ningún cuerpo físico *in situ*. Un raro rumor se escuchó entonces: las matas de anón se movían de manera anormal, sin viento. La estadía allí se tornó oprimente. No solicitamos más señales. Soltamos las frutas y emprendimos una veloz carrera a la costa, sin mirar atrás. Desembocamos en el angosto trillo que conecta con el punto de partida, lo seguimos sin aflojar la velocidad, pues por largo trecho tuvimos la impresión de que nos perseguían. Subimos y bajamos cuestas y "en menos de lo que canta un gallo", tocamos la cima cuyo descenso concluiría en el extremo este de la playa de Sevilla. Aquellos minutos de ansiedad parecían milenios. Jadeantes, sudorosos y exhaustos, entramos al campamento. Jorge, al vernos, preguntó:

—¿Qué te pasa, Ramón? Te noto descompuesto y alterado.

—Nada, Jorge, he caminado mucho y estoy sediento y agotado —respondimos. Bebimos agua y, tras unos minutos de reposo, fuimos a la playa, donde disfrutamos de un chapuzón restaurador.

Por la noche visitamos a Blanca. Nos invitó a una cálida taza de café. Comentamos sobre el recorrido y de la solitaria playuela.

—¿Cómo se denomina ese sitio?—la amable anfitriona contestó:

—Rincón Santiago.—Por cierto, localizamos un vasto campo de frutas de anón abandonado, a pesar de mostrarse cargado de frutos— ella permaneció pensativa un instante y a continuación aseveró:

—Ese lugar tiene un problema...

—¿Y cuál es, si se puede saber?—indagamos saboreando el café.

—Mire, ahí todos los que habitamos por estos lares dejamos de acudir porque aquello está embrujado—aseguró con firmeza.

—¿Por qué usted dice eso, Blanca?—Porque cualquiera que lo transite se espanta por alguna razón. Por ejemplo, mis muchachos y otros vecinos aseguran que de noche, en la playita, han escuchado que se aproxima un bote de remos a la orilla; aprecian claramente el golpe de la pala de madera contra el agua, el sonido del atraque, entonces alumbran hacia el punto de desembarco y no hay nada ni nadie. Enseguida oyen el ruido de monedas precipitándose sobre la arena, copiosamente, como granizo. En ese instante perciben el faenar de una embarcación invisible que se aleja, mar adentro. Por ello, como usted comprenderá, la gente teme grandemente a la playuela— luego prosiguió—:

—Aquí existe la firme creencia de que el embrujamiento responde a que en esa área hay una fortuna antaño enterrada, que es custodiada celosamente por los espíritus de sus antiguos propietarios, los que, en su afán de conservarla oculta, expulsan al que ose incursionar en sus predios empleando para ello los más diversos métodos intimidatorios, que pueden llegar, incluso, a la agresión corporal.

Quedamos en una pieza con la narración expuesta. Inferimos que lo experimentado aquel día en Rincón Santiago no constituía una novedad especial. Simplemente se nos concedió la oportunidad de captar un fenómeno bastante común. No estaba loco ni obsesionado. Los sentidos extrasensoriales actuaron correctamente, detectando la asistencia de una energía espiritual aterradora, ante la cual sólo atinamos a escapar a la mayor brevedad. Téngase en cuenta que el sujeto afectado ignoraba por completo los reportes de eventos paranormales previos suscitados en la zona, y que se encontraba disfrutando de un momento de paz, psicológicamente positivo y muy agradable.

El poder de convocatoria del árbol del camino

En el año de 1994 perdimos el trabajo al tramitar la salida del país. Sin salario para cubrir los gastos de la cara vida cotidiana, nos vimos en la necesidad de capturar cangrejos para vender su delicada carne en envases de cristal de una libra.

Para la apropiación de estos crustáceos debíamos caminar diariamente unos siete kilómetros hacia la costa y en sus inmediaciones desarrollar la agotadora tarea. El largo y accidentado periplo para atraparlos se efectuaba a través de un irregular sendero, en un relieve ondulado por la espesura. Infinidad de árboles sombreaban la ruta, proporcionándole agradable frescor, sobre todo en el tórrido verano. Enumerar las especies botánicas sería poco menos que imposible.

Desde los primeros instantes que transitamos el dilatado sendero, un "almácigo" llamó significativamente la atención. Ignoramos por qué al mirarle captábamos un misterio anómalo. Los sentidos extrasensoriales percibían la emisión de alguna suerte de energía o fluido especial. Aunque viajáramos entretenidos o focalizados en otras cuestiones, la planta se apropiaba absolutamente de nuestro interés.

Para averiguar si teníamos una predisposición personal, decidimos ejecutar un sencillo experimento: Preguntamos, por separado, a cada uno de los acompañantes, si algún árbol en específico–a la vera de la dilatada ruta– atraía su atención. No propiciamos la más mínima pista. La encuesta era bien simple: había que analizarlos todos (recuérdese una jungla con miles de ejemplares) y seleccionar uno, no por su aspecto físico, sino por su espiritualidad.

La primera en someterse a la prueba fue Mariblanca, que acertó sin titubeos. Su elección nos dejó perplejos. Ya éramos dos. En otro viaje le tocó el turno a Monchito, quien, sorpresivamente, al cruzar carca del árbol en cuestión levantó el brazo y, apuntándole con el índice, dijo:

—Ése es.

El tercer turno correspondió a Román. Por esos días tenía ocho años de edad. Le explicamos lo que intentábamos averiguar, enfatizándole que debía concentrarse bien a lo largo del serpenteante sendero y escoger una planta que lo impresionara de manera esotérica, no por sus peculiaridades botánicas. (Conviene aclarar que el "almácigo" carecía de atributos sobresalientes; era de inferior tamaño y grosor que muchos de la vía). Increíblemente, al arribar al punto, categóricamente dictaminó:

—Papá, ese es el árbol.

Curiosamente, toda la familia "adivinó" sin errar. No conforme con ello, invitamos al viejo amigo y profesor, el Licenciado Juan Hernández, el día que compartió con el grupo la caminata, a participar en la encuesta. El destacado científico, botánico profesional, nos miró extrañado y preguntó:

—¿Por su fuerza espiritual?

Magna sorpresa experimentamos con su elección acertada. Convidamos a los participantes a inspeccionar al enigmático "almácigo," distante unos diez metros del trillo. La cara que mostraba al caminante era normal, sin novedad, pero al rodearle y apreciar la faz opuesta, oculta al viajero, quedamos en una pieza, atribulados. Incrustados en su tronco con alfileres y clavos, exhibía docenas de obras espirituales y de brujería: cintas rojas y negras, papeles de cartucho enrollados con hilos, símbolos paleros grabados en su corteza, huesillos empaquetados, entre otros testimonios mágico-religiosos.

El árbol comparecía literalmente cuajado de ofrendas y trabajos votivos de diversa índole. Ahí radicaba su pujante fuerza espiritual que captaron tan eficazmente los sentidos extrasensoriales. Resulta evidente que aquella planta emanaba un fluido electromagnético capaz de atraer la atención del más inocente y despistado de los viandantes, ratificando, una vez más, que ese sexto sentido actúa como un sistema automático de vigilancia y detección, que descubre energías y fenómenos paranormales que el limitado ojo humano no ve.

El "Loco" Lázaro tenía razón

Conocimos a Lázaro a mediados del 2005. Desde los primeros momentos nos percatamos que presentaba problemas psiquiátricos: nerviosismo y un paranoico delirio de persecución, entre otros desajustes. No obstante, se comportaba con educación y decencia en sus relaciones sociales. Los muchachos le apreciaban y en ciertas ocasiones le invitaron a pescar.

Una noche le llevaron a la bahía de Miami. Se instalaron en la orilla e iniciaron la actividad deportiva. En breve, el "Loco" Lázaro (como jocosamente le decíamos) comenzó a inquietarse. Miraba a su alrededor sudando copiosamente. Aludía la presencia de una entidad perturbadora en el sitio. Sus compañeros lo consideraron una broma o un recurso para atraer la atención, pero cada vez se tornaba más alterado y reiterativo, a tal punto que expresó resueltamente su deseo de marcharse a otra parte, pues no resistía permanecer allí acosado.

Ante la indiferencia y el desinterés de los demás, el desquiciado personaje se dirigió a ellos de esta manera:

—Ustedes no creen lo que les digo. Hace rato está molestando un espíritu que no me deja pescar en paz.

—Aquí no hay nada Lázaro, tranquilízate —aseveró Román para calmarlo.

—Tira una foto y te convencerás —aseguró.

Como de costumbre, portaban una cámara fotográfica de filme, para conservar imágenes de cada aventura pesquera. Intrigados por su persistencia, tomaron instantáneas donde el atormentado individuo indicó, a pesar de que ninguno advirtió nada raro o anormal.

En breve, un malestar y desencanto embargó al conjunto de pescadores; una sensación angustiosa y de desánimo impulsó los deseos de retornar a casa, y así lo hicieron.

Entregaron el rollo para su revelado e impresión al laboratorio de Walgreens. Tremenda sorpresa cuando buscaron las fotos de la memorable noche.

En las fotografías de la Lámina II concurre una figura como humo, neblina o fluido blanquecino, que parece contener patas, flotando en el aire cerca de ellos, confirmando que "El Loco" había captado un fenómeno extranormal, que le asistía la razón, que no mentía ni pretendía ser el centro de atracción como sus jóvenes acompañantes suponían.

III.- LA COMUNICACIÓN TELEPÁTICA

Hay personas que reciben mensajes en su mente directo de los espíritus, cuando estos deciden intervenir en algún asunto, bien para ayudar o para resolver temas pendientes de su caducada existencia encarnada. A veces escuchamos una voz que nos habla internamente no se trata de nuestra conciencia, toda vez que no se está ventilando un hecho moral; es una voz que luego conocemos y la identificamos diáfanamente con la de un difunto amado. En otras ocasiones, percibimos una inteligencia extracorpórea que nos guía en la solución de un problema que nos afecta.

Para los espíritas, son las almas de seres queridos, antepasados o amigos, que velan por sus dolientes e intentan auxiliarlos ante una tarea determinada, cuya ejecución, desde su perspectiva superior, vislumbran con mayor claridad. Esta intervención –que acontece frecuentemente– las más de las veces pasa inadvertida por las personas que, cuando gracias a la información adquirida finiquitan una situación complicada, atribuyen el éxito a su propio ingenio (que hasta entonces estaba apagado) o a un acierto, obra del azar.

Examinemos algunos ejemplos de comunicación telepática:

Las canciones de papá

Después de la muerte de papá, mamá se quejaba de que su espíritu no le permitía dormir tranquila. Hablaba con él y le pedía que la dejara en paz, que se retirara de su cama.

Las canciones por él compuestas décadas atrás (que ella, producto de la pérdida de memoria había olvidado por completo) empezó a cantarlas íntegramente, sin fallar una estrofa; a cualquier hora del día o de la noche, no cesaba el cántico. A pesar de su fragilidad, parecía recibir una energía inagotable. Cuando en un momento se trababa, miraba hacia un asiento vacío de su habitación y preguntaba:

—¿Cómo sigue la letra, Gabrielito?

Al instante daba las gracias al difunto y retomaba el canto donde le había interrumpido y lo concluía sin errar. Finalizaba una melodía y principiaba otra, casi todas dedicadas por papá a su amada. Se nos tornaba la piel "de gallina" cada vez que la escuchábamos solicitar a papá le recordara la letra del cancionero.

Gabriel la llevó a Tampa para que cambiara de escenario y se distrajera un poco de la honda tristeza que la embargaba, sin embargo, confrontaron el mismo problema. Mamá los despertaba con gritos y estruendos por las cosas que derribaba, aludiendo la presencia de su esposo en la habitación. Tarde en la noche, clamaba que le recordara la letra de alguna canción olvidada, entonces iniciaba un recital interminable, a viva voz, sin omitir una letra.

Cuando Gabriel y su esposa Miriam acudían al aposento, observaban a la viejita inspirada en su ejecución. Saboreaba cada estrofa, una tras otra. La acostaban de nuevo y apagaban la luz.

Tras el desayuno del siguiente día, volvió a fluir en su debilitada mente el torrente de canciones. Era como si alguien le dictara cada una de las piezas musicales que ella reproducía con profundo sentimiento.

Vale reiterar que antes de papá morir, ella había olvidado las composiciones, consecuencia de su creciente y cruel deterioro mental; si un día intentó interpretar alguna, apenas principiaba se detenía al no recordar la letra. Además, a esa altura de la enfermedad, le costaba trabajo desarrollar frases y oraciones; tenía dificultades de coordinación y de ordenamiento mentales. Así prosiguió por meses, cantando exclusivamente las melodías de papá, no cabían otras, hasta que el avance impetuoso e imparable del terrible mal la fue tornando silenciosa, taciturna, durmiendo –o dormitando– casi todo el día en su silla de ruedas.

Únicamente que se las hubieren dictado directamente en su mente, una persona, con tamaño deterioro cerebral, jamás conseguiría reproducirlas tan fluidamente como ella lo hizo.

El cuadro de Richard

Gabriel conoció a Richard en 1996 en la ciudad de Tampa. Además de compañero de trabajo, entablaron una cordial amistad. Era un señor amable, respetuoso y servicial, que pronto le tomó un afecto especial a nuestro hermano.

Una tarde, culminada la jornada laboral, Richard lo invitó a su casa. Allí conoció a su esposa y a su hijo. Pero al introducirlo en la sala de estar quedó cautivado por una pintura, no tanto por su valor estético, sino por el tema que exponía: montañas y bosques nevados junto a un río, que parecían integrar un paisaje de la misteriosa y apasionante Alaska.

—¡Qué cuadro más interesante!—exclamó admirado. Richard, que le observaba con atención, preguntó:

—¿Te gusta, Gabriel?

—Me encanta —contestó el invitado.

—Es el primer y único cuadro que he pintado en mi vida —acotó el americano, que luego agregó: —Fue una inspiración que vino a mí en la década de los años ochenta, si mal no recuerdo en el ochenta y cuatro.

Gabriel continuaba deleitándose con cada detalle ejecutado, y aunque quizás los especialistas no lo conceptúen como una obra profesional o académica, denotaba, empero, un encanto del que no era fácil sustraer la mirada.

Transcurrió el tiempo y un día Gabriel compró su casa, situada un poco a las afueras de la urbe de Tampa. Richard no vaciló en ofrecer su ayuda con su camioneta en la mudanza. Un domingo llenaron el vehículo con sus pertenencias y se trasladaron a la vivienda adquirida. Cuando Richard contempló la compra, expresó:

—Me gusta mucho, es una excelente propiedad. Te felicito.

Luego registró visualmente el entorno y sentenció:

—Hay un problema preocupante. Se trata de ese árbol enorme ubicado encima de la casa. Pudiera destruirla o dañarla seriamente durante un huracán o fuerte tormenta. Córtalo cuanto antes.

Gabriel aceptó la advertencia como válida, venida de un conocedor de la zona, pero, sumamente enfrascado con la labor de descargar y colocar en el inmueble sus cosas, no se extendieron más en el asunto.

Nuestro hermano varió de trabajo en dos oportunidades. Le llegó la ansiada familia de Cuba y, por toda una serie de circunstancias, dejó de ver a Richard. Para mayor dificultad, éste cambió su número de teléfono, lo que contribuyó más a la desconexión entre ambos.

Pasados los años, Gabriel decidió asistir a un gran Flea Market de Tampa. Cuando se disponía a emprender el trayecto, sin saber por qué, le dijo a Miriam que mejor irían al "pulguerito" indoor, cercano a su domicilio. Ella asintió extrañada de tan repentina variación del plan original acordado. Ya en el punto, como conducido por lazarillo invisible al impensado destino, Gabriel enrumbó sus pasos directamente, como teleguiado, a uno de los puestecitos del mercado. Apenas irrumpió en él, sus ojos detectaron un objeto conocido, que le dejó momentáneamente paralizado: el admirado paisaje pintado por Richard acababa de sacarse a la venta, aún yacía recostado en un rincón del ventorrillo, aguardando por su colgadura en la pared.

Tras romper el breve inmovilismo, se encaminó hacia el cuadro, palpitándole acelerado el corazón; nervioso lo agarró y, al levantarlo, constató que su sospecha resultaba fundada, al leer: "Inspiración" y, a continuación, la firma de Richard y una fecha: 1984.

Mil interrogantes se agolparon en su mente. ¿Cómo era posible que Richard se desprendiera de su única obra pictórica, hija de una inspiración que, a todas luces, jamás se repitió?

Después de adquirirlo a muy bajo costo, el matrimonio retornó al hogar con una mezcla de alegría e inquietud, preguntándose continuamente qué habrá sido del viejo amigo. Buscó un sitio para exhibir la pintura en su cuarto de estudio, junto a fotos de recuerdo, de osos, venados, de cabañas antiguas, trofeos de caza y pesca, espadas españolas, de un retrato clásico del indio Gerónimo y de paisajes de Tennessee.

La incertidumbre sobre el destino de Richard le inquietaba. Muy en su interior la duda le carcomía. Un día buscó en los records públicos y lo que halló le dejó anonadado: un documento que certificaba su muerte, acaecida en el 2010. Según parece, ni a la viuda ni a su hijo les interesó conservar la pieza, que quizás vendieron en algún garage sale.

Entre tanto, caían las hojas del almanaque y el cuadro proseguía invariable, ocupando su espacio, hasta que una noche tormentosa, con fuertes vientos y descargas eléctricas, Gabriel y Miriam escucharon un estruendoso golpe en el cuarto de estudio. Cuando el primero penetró al recinto, advirtió que la creación de Richard inexplicablemente se había descolgado y caído sobre otros objetos. Pero ¿cómo era posible aquello si recordaba que lo fijó sólidamente con un clavo en la pared, y que nunca algo colgado por él se había precipitado al piso?

Una rara sensación se apoderó de sus sentidos. Tomó una potente linterna y se movilizó al exterior.

—¿A dónde vas, Gabrielito, no ves que llueve a cántaros y relampaguea por doquier? —dijo Miriam sorprendida por la ilógica y temeraria reacción de su cónyuge.

Ya éste atravesaba el porche y salía bajo el torrencial aguacero frente a su casa, alumbrando hacia lo alto. Un susto escalofriante estremeció su naturaleza humana, al observar cómo una enorme y pesada rama se inclinaba hacia el techo de la vivienda, amenazando con quebrarse y desplomarse –por el peso del agua– sobre el inmueble, al cual, sin remedio destruiría. ¿Cómo no había detectado antes un peligro tan inminente?. Entonces, un recogimiento súbito le sobrevino, a la vez que en su mente retumbaban las sabias palabras del difunto, proferidas aquel ya lejano día de la mudanza: «Hay un problema preocupante, se trata de ese árbol copioso, situado justo encima de la casa. Pudiera destruirla o dañarla seriamente durante un huracán o una fuerte tormenta. Córtalo cuanto antes».

Gabriel pasaba lista al conglomerado de "casualidades" o "coincidencias". De cómo misteriosamente cambió de plan al instante de montarse al auto, desechando visitar el inmenso *Flea Market* por el pequeño mercado bajo techo. También rememoraba cómo sus pasos fueron esotéricamente guiados en la dirección precisa en que se encontraba el cuadro, al que acababan de sacar a la venta y que nadie mostrara interés por el mismo antes que él y que el vendedor aceptara sin regateo su oferta.

Diríase que la voluntad del difunto era hacer llegar su obra al amigo que siempre la apreció, y que tan enfáticamente la encomiara años atrás, durante una amena velada.

Para Gabriel no restaban dudas de que aquello constituía un diáfano mensaje de ultratumba: que el cuadro fue dejado caer al piso –sin dañarse– como un heraldo oportuno para atraer la atención acerca del peligro mortal que le acechaba. Está convencido de que el malogrado amigo le hizo tomar la linterna, conduciéndole directamente al objetivo que amenazaba su casa. Por ello, conmovido y profundamente emocionado, pronunció: —¡Gracias, Richard, luz a tu espíritu!

Al siguiente día, en la mañana, contactó a una compañía de corte y poda de árboles, la que, tras horas de trabajo, erradicó la fuente del peligro.

Como testimonio de gratitud por tan providencial y salvadora comunicación, ubicó el cuadro en un punto especial de la sala de su casa. Desde entonces, vive consciente de que la obra pictórica resulta un puente de enlace, un medio eficaz de comunicación entre ambos, aunque se encuentren en diferentes planos o niveles, de que uno sea materia y el otro espíritu, porque la amistad sincera es capaz de superar las barreras de la muerte que, en definitiva, no es más que una continuación diferente de la vida.

¡Tíralo contra el suelo, María!

Era un verano asfixiante. La estructura metálica del puesto en el Flea Market de Opalocka-Hialeah resultaba un horno. Mariblanca sudaba copiosamente, intentando reparar el ventilador, de amplias aspas, que expulsaba un poco del calor interior reinante.

Con paciencia benedictina le había desarmado una y otra vez, asegurándose de que cada componente se hallara en su sitio adecuado. Suministró aceite a los puntos de rotación y chequeó que los cables estuvieran en su emplazamiento correcto.

Rendida ante una lucha infructuosa por más de una hora, se decantó por echarle al depósito de basura. Tomó la callejuela insatisfecha, carcomida por la inconformidad de tener que darse por vencida en contra de su voluntad.

Ya casi alcanzaba el contenedor de desperdicios, cuando escuchó, con claridad meridiana, la voz de papá (que siempre la ayudó a componer cocinas y electrodomésticos) diciéndole: «

¡No lo botes, tíralo contra el suelo, María!». Detuvo el andar impresionada. Obedeciendo la señal captada, lo arrojó al piso con fuerza, rebotando y originando un considerable sonido.

Retornó desanimada al local con el aparato a cuestas y lo conectó al tomacorriente… ¡increíble, la máquina funcionó como el primer día! Quedó estupefacta y luego proclamó gracias a su extinto suegro, que tantas veces la había asistido después de su partida.

Como colofón, agregaremos que el ventilador se mantuvo funcionando por muchos meses. Incluso, al venderse la tienda un año más tarde, éste formó parte de los bienes transferidos en la operación.

IV.- Intervención
directa de los espíritus
en el medio físico

Es cuando los espíritus mueven, golpean, lanzan, derriban, derraman, rompen o manipulan cuerpos físicos diversos para llamar la atención o para hacerse sentir. Marcan territorio al concientizar a los encarnados de su presencia. Estos extraordinarios sucesos se clasifican dentro del campo de la Sematología. Se definen popularmente como fenómenos Poltergeist.

Son frecuentes en las casas y edificios embrujados. Junto a las apariciones y a los Fenómenos de Voz Electrónica (FVE) constituye una de las expresiones paranormales de mayor fuerza y de considerable derroche de energía espiritual. Al efecto, sometemos a su consideración eventos extraídos de la historia familiar.

El asiento no desea al visitante

Guillermo Pujol y Dora Pujals, nuestros abuelos maternos, se casaron pletóricos de amor e ilusión en la ciudad de Santiago de Cuba, en el año de 1913. Fruto de la feliz unión concibieron cuatro hijos: Guillermo, Antelmo, Victoria y Dorita. El primero vio la luz en 1914, el segundo dos años después. En las postrimerías del 1918 llegarían al mundo las mellizas.

Recién estrenado el 1919, Guillermo, el fiel esposo, enfermó de tifus, un mal prácticamente incurable en aquella época. En breve, partió a los brazos del Creador, quedando Dora viuda, a cargo de sus pequeños.

En varias oportunidades, durante su malograda existencia, Guillermo advirtió a Dora respecto a un individuo del barrio que no gozaba de su agrado, insistiéndole que en su ausencia no le recibiera en la vivienda. Ella no entendía el porqué de su antipatía, pero acató la instrucción de su cónyuge.

Al producirse el deceso, como es costumbre, los vecinos acudieron a ofrecerle el "pésame" a la joven doliente. Una tarde tocó a la puerta la persona rechazada en vida por el finado. Dora, consternada, abrió indecisa, ya que al instante recordó las palabras de Guillermo, pero antes de que consiguiera reaccionar, el sujeto entró y se paró frente a un balance, en actitud de acomodarse con celeridad. Ante sus azorados ojos, el asiento giró en sentido contrario al indeseado; éste, algo turbado, se colocó de nuevo delante del mueble, el cual se tornó de espalda. Entonces, ya bastante ofuscado, efectuó un tercer y último intento, pero se repitió la misma acción. El hombre, pálido y desencajado, se retiró a toda prisa, diciendo: «Lo siento mucho», a la vez que ganaba la calle.

Evidentemente, el asiento rechazaba al visitante como a persona non grata. Jamás regresó. Vale aclarar que nunca más ocurrió el raro e inconcebible evento, a través del cual se cumplió la voluntad del abuelo.

El árbol riposta la agresión

Transcurría el año de 1958 en la ciudad de Miami, donde habíamos ido a parar como exiliados políticos debido a las actividades revolucionarias de papá, en contra del general golpista Fulgencio Batista.

Una tarde nos hallábamos en el patio de la vivienda, situada en la calle siete y la veintidós avenida del N.W., nuestro hermano, un vecino nombrado Rogelito y quien escribe, invitándonos el primero a movilizarnos a un amplio solar deshabitado, enclavado próximo al domicilio para explorarlo y jugar un rato en él. Concluido el reconocimiento del área, sugirió "bombardear" con guijarros a un solitario árbol en el despejado terreno.

Por nuestra corta edad, no alcanzábamos el objetivo; Rogelito le pegó, de rodada, uno que otro "tiro.; Gabrielito, que fungía como "jefe de artillería", le asestó repetidamente. La sensación de victoria que infantilmente nos embriagaba, fue súbitamente interrumpida; para asombro y terror, del árbol devolvían las piedras con increíble energía y precisión, sin que consiguiéramos avistar al brazo ejecutor. Resultaba desconcertante, pues chequeamos minuciosamente el blanco antes de emprender el "ataque".

Todavía hoy, a la friolera de seis décadas, consideramos insólito el acontecimiento y recordamos vívidamente la desenfrenada huida, cundidos de pánico, rogando al Todopoderoso que nos salvara de aquella lluvia de pedradas que, como proyectiles rugientes, surcaban el espacio muy cerca de nuestras cabezas.

Lo cierto es que con una fuerza poderosa y desproporcionada, del árbol ripostaron con violencia la agresión las entidades que residían en él.

La casa de Cuabitas

Además de las experiencias paranormales con el espíritu de Fermín Cowley, los que nos cobijamos bajo el techo de esa casa fuimos copartícipes de otros sucesos que denotan la actuación de espíritus sobre el medio físico.

Abuelo Joaquín, el segundo esposo de Dora, cada noche, a la hora de acostarse, daba cuerda a un viejo reloj de péndulo situado en el comedor. Repitió religiosamente esta acción hasta su muerte, en 1957. Pero luego de su partida, y a la misma hora que lo efectuaba en vida, se escuchaba el sonido inconfundible de cuando se rota la clavija que enrolla el fleje metálico, productor de la energía que activa al reloj. Todos los que residían en la vivienda escucharon asombrados esta manifestación paranormal mecánica durante numerosos años, a pesar de haberse descompuesto ya la máquina de Cronos.

Entre el mobiliario dispuesto en la sala original de la casa se hallaba un viejo balance de madera y espaldar de pajilla, en el que mecieron primero a los sobrinos Gabriel y Dorys y *a posteriori* a Ramón y Román, al arrullo de antiguas canciones de cuna. Al moverse, el maderamen traqueaba, originando un peculiar sonido, inimitable.

Comúnmente, entrada la noche, cuando cada cual descansaba en su aposento, se oía el familiar ruido del balance en acción. Se mecían en la oscuridad, por largo rato, en el querido mueble, pero nadie nunca procuró descubrir la identidad que lo hacía rítmicamente. Preferimos compartirlo sin reparos con los que considerábamos ausentes. A fin de cuentas, a esas horas estaba disponible, vacante.

Otra actividad extranormal bastante frecuente captada por todos sus moradores, consistía en sentir, máxime de madrugada, el impacto derivado de teclear la máquina de escribir. Quedábamos maravillados al escuchar cómo pulsaban sus tipos. Tal vez cometimos un error al no colocarle una hoja de papel en blanco, por si deseaban plasmar un mensaje del "más allá".

Casi el reloj marcaba las nueve, pasado el meridiano, y nos hallábamos sentado frente al televisor de la sala, aguardando por el comienzo del programa "Prismas" de los miércoles. Mariblanca, recostada en su aposento, custodiaba a nuestros pequeños hijos, que plácidamente dormían. La llamábamos suavemente, a intervalos, para que se mantuviera despierta y no perdiera su puesta en pantalla. De repente, la escuchamos exclamar:

—¡Ramón, corre!

Antes de que nos incorporáramos, desembocó en la sala con los ojos desorbitados, nerviosa y descontrolada.

—¿Qué sucede, Mary? —preguntamos.

—¡Alguien se sentó junto a mí, en la cama! —afirmó alarmada y agregó—: Creí que eras tú. Extendí el brazo hacia donde advertí un cuerpo que rozó mi espalda hundiendo el colchón ¡y sólo atrapé el vacío!

La tranquilizamos en lo posible. Sabíamos que permanecía alerta, pues recién intercambiamos palabras. Regresamos a la habitación porque los niños quedaron a solas. Roncaban como angelitos, ignorantes del tremendo susto que una entidad etérea le causara a su madre.

Una madrugada, después de despedirnos en el lecho de Mariblanca, partimos hacia el trabajo, toda vez que comenzábamos a las seis y concluíamos a las cinco de la tarde.

Además de la cama matrimonial, en el dormitorio disponíamos de una vieja cómoda, dos mesitas de noche, la camita de Ramoncito y la cuna de Román, de apenas unos días de nacido. Ella volvió a dormirse rápidamente. Soñó que yacía en el propio sitio en el que se encontraba físicamente y observó a una ancianita, de la raza blanca, baja estatura, algo encorvada, que caminó hacia la cunita de Román; descorrió el mosquitero y se inclinó para apreciar mejor a la criatura. Allí permaneció unos segundos, inmóvil. Entonces Mariblanca reaccionó cavilando: «¿Quién será esta señora? ¿Por dónde entró? ¿Qué desea con mi hijo?». Despertó sobresaltada y enfiló la mirada a la contigua cunita. La viejecita no estaba, pero para su asombro, el mosquitero se mostraba completamente abierto. ¿Cómo pudo acontecer eso si estaba consciente de que lo cerró adecuadamente y lo chequeó antes de encamarse? ¿De qué manera una criatura recién nacida conseguiría zafarle de su apretado engaste y luego destaparle tan holgadamente? Sinceramente, no hallamos explicación plausible al respecto. Por otra parte, la descripción física de la ancianita concordó perfectamente con la de la abuela, fallecida casi diez años atrás.

La visita del abuelo Gabriel

Por última vez vimos al abuelo Gabriel en 1964. Como tantos miles de cubanos, abandonó el país junto a la abuela Carmita, huyendo del comunismo. Del aeropuerto de Santiago de Cuba volaron a La Habana y de allí a Miami. Prosiguieron el periplo hasta Dallas, Texas, a la casa de Nena y familia, donde vivió por el resto de la década del sesenta, para *a posteriori*, trasladarse a su Puerto Rico natal, al domicilio de la tía Titi, su postrer retoño. Colaborando con el negocio familiar le sorprendió un paro cardíaco, con desenlace fatal. Fue en el año de 1971.

La triste noticia arribó a la Isla mediante un telegrama demoledor: "Murió papá. Unidos en el dolor. Nena". Sufrimos amargamente la pérdida del abuelo, al que la distancia y las circunstancias políticas imperantes en Cuba, impidieron volverle a ver.

La noche previa a la recepción del amarillento papel del teletipo, mamá despertó en la madrugada y miró la insegura portezuela de la casa de La República. Muy asustada gritó:

—¡Monchy, Monchy, despierta!

—¿Qué pasa, mamá? —indagamos, tratando de desembarazarnos del profundo sueño.

—He observado a tu abuelo Gabriel parado junto a la puerta, escrutando hacia adentro —aseguró con apreciable agitación.

—No es posible —contestamos, intentando calmarla—. Recuerda que él está en Puerto Rico, muy lejos de aquí.

—Le he distinguido clarísimo, no me queda duda de su presencia —replicó.

—Soñabas, mamá, duérmete tranquila —respondimos, restándole importancia al asunto.

—No, no dormía, estoy segura de ello. Ha sido una revelación, un aviso que no me gusta ni un poquito —sentenció.

Al día siguiente, recibimos la aciaga noticia de su muerte.

Sin duda la prueba que concedió el abuelo a nuestro hermano de su visita en espíritu resulta aún superior. En efecto, la fuente de luz que poseía en su alcoba matrimonial consistía en un viejo bombillo incandescente que, a falta de interruptor eléctrico, se encendía o apagaba, haciéndole rotar manualmente a uno u otro lado de la base receptora. Cuando decidían dormir, giraban la bombilla hacia la izquierda, hasta que la iluminación se cortaba. Esto se practicaba diariamente, jamás la fuente se activaba por sí sola, pues la ley de la gravedad lo impedía.

La primera noche, a partir del conocimiento del deceso del abuelo en la que Gabriel ejecutó la operación de rutina de cerrar el circuito eléctrico del alumbrado, se encaminó en penumbras al lecho, muy triste, reviviendo en la mente los tiempos felices que disfrutó a su lado. A la postre, dormía profundamente. Al filo de la media noche, un extraño resplandor despertó al matrimonio. Se percataron de que el bombillo había sido encendido. De inmediato se cruzó la pregunta entre ambos:

—¿Tú encendiste la luz? —repitieron al unísono idéntica respuesta:

—Yo no.

Gabriel se incorporó, agarró el cable eléctrico del que pendían base y bombilla, y constató, sorprendido, que comparecían ajustados. Los aflojó de nuevo y se echó a la cama.

Al siguiente día, a eso de las diez pasado el meridiano, desarrolló similar operación, comprobando que la fuente lumínica se hallara bien holgada esta vez. Pero, rozando la media noche, una claridad hiriente les quebró el sueño.

—¡No puede ser! —exclamó Gabriel malhumorado—. Desenrosqué suficientemente el bombillo —afirmó.

Al levantarse asió ambas piezas y constató, asombrado, el recio engaste. Los desajustó otra vez y se recostó conturbado. «¡Esto nunca había sucedido!». Le golpeaba en su cerebro como martillo al yunque.

Desfilaron las horas y con posterioridad a la frugal cena, escucharon un poco la radio; se fue colando el sueño y optaron por marcharse a la recámara. Sostuvo la pendiente bombilla y la tornó hacia la izquierda al máximo, a tal punto que temía se precipitara al suelo, convirtiéndose en mil cortantes pedazos. Demoró un tanto en dormirse, pero ¡Oh, sorpresa!: Ahí brillaba la luz de nuevo sobre sus cabezas. Se incorporó y, por tercera vez, resultaron atornillados con fuerza. Los separó y exclamó desde el fondo de su corazón:

—¡Dios mío, esto es obra intencional de abuelo Gabriel para que sepa que vino a vernos, constituye una prueba irrefutable. Gracias, abuelo, por comunicárnoslo!

La próxima noche desempeñó la misma maniobra cotidiana de aflojar la bombilla hasta apagarse. Durmieron plácidamente, jamás la luz volvió a encenderse.

Para la familia resultaba indubitable que el abuelo retornó a Cuba a visitarnos, pero no anónimamente. Con su original e inteligente actuación sobre la materia, dejó una convincente huella de su presencia espiritual.

Los tornillos voladores

Concluida la cena, acomodamos a mamá en su lecho. Nos movilizamos a la sala familiar para disfrutar un rato de la televisión. En el lapso de una hora, la tranquilidad de la que gozábamos se vio interrumpida bruscamente. Dos objetos metálicos surcaron el espacio interior y golpearon la puerta de salida trasera. Como resortes nos incorporamos y corrimos al recibidor, de donde parecían provenir los tornillos que se proyectaron contra la referida puerta.

Allí estaba mamá, tirada en el piso, enredada con un extenso cable eléctrico de un ventilador que, entorchado al cuello, la asfixiaba. Resulta que, a poco de acostada, se levantó; agarró el ventilador y abandonó el dormitorio, a saber con qué propósito. La terrible demencia le iba copando progresivamente, a tal punto que ya no nos conocía ni sabía dónde se hallaba, ni en qué planeta vivía.

Trabajo nos costó librarla de la atadura que, como serpiente despiadada, la sofocaba. La incorporamos y trasladamos al lecho, junto al cual permanecimos hasta que se durmió.

Imposible que ella, octogenaria, tirada en el suelo, completamente inmovilizada por un cable eléctrico entorchado, hubiere efectuado el lanzamiento de los tornillos y menos a tanta distancia, con una fuerza extraordinaria, poco común.

Consideramos que el espíritu de papá una vez más actuó con precisión en el instante oportuno, salvando de la muerte por asfixia a su viuda. Impresionados con la prueba recibida,lo agradecimos y rogamos a Dios concediera luz a su alma, evidentemente pendiente de los suyos, como un ángel guardián, a toda hora. Nos maravilló su habilidad y eficacia para interactuar con el mundo material al cual, según las leyes físicas, ya no pertenecía.

El abuelo cumplió su palabra

A pesar de aparentar exteriormente un ateísmo total, en lo profundo de su ser, papá albergaba dudas y luchas antagónicas entre creer y no creer. Por eso una vez, en animada charla con Román, en la que debatían sobre el tema, le formuló una inesperada propuesta:

—Si los espíritus existen o alguna suerte de vida diferente al concluir la terrestre, prometo que buscaré la forma de expedir una prueba contundente, para que no subsista duda de ello, aunque pienso que no será así.

Entonces Román le preguntó:

—¿De veras? ¿Hacemos un trato, abuelo?

A lo que sin vacilar respondió:

—Trato hecho.

Murió el abuelo y transcurrió un año. Regresábamos de una cena familiar por el cumpleaños de Román, quien se detuvo delante del mueblecito de pared, destinado a colgar las llaves. Pendían de él diferentes manojos de dichos instrumentos de los habitantes de la casa y, entre ellas, las de papá. De repente éstas empezaron a balancearse pendularmente. Román abrió los ojos alarmado por tamaña acción imprevista.

—¡Miren esto! —exclamó—¡Las llaves de mi abuelo parecen las aspas de un ventilador!

Observamos perplejos, agrupados en torno al llavero; no se percibía el más mínimo viento o corriente de aire, nadie las tocó previamente, las similares adyacentes permanecían inmóviles. El espectáculo era definible como insólito y admirable. Una vez que los asistentes saciamos la curiosidad, el llavero paró de golpe, en seco, como detenido por la misma mano invisible que lo agitó pendularmente. Aún más desconcertados ante el frenazo paralizador magistral, final de la extranormal exposición, Román proclamó emocionado:

—¡Mi abuelo cumplió su promesa de revelarme una prueba de si el "más allá" existía! ¡Ahí tienen su testimonio!

V.- Comunicación por medio de sonidos

Según hemos apreciado hasta aquí, los espíritus utilizan los más plurales métodos y procedimientos para hacerse sentir en el mundo de los vivos. Uno de ellos es a través de sonidos mecánicos, como pueden ser, entre otros: golpes, arrastres, crujidos, toques, chirridos, cadeneo, o humanos: gruñidos, soplidos, gritos, llanto, lamentos, voces, gemidos, risas, suspiros, murmullos, guturales y más. Tanto unos como otros, generalmente los producen para concientizarnos de su presencia en un determinado lugar, que estiman de su propiedad, para asustarnos y considerarse así importantes.

Hay quien piensa que muchos de los sonidos podrían constituir grabaciones en el tiempo (ecos del pasado) que se repiten como una cinta cinematográfica, cíclicamente. Reciben el nombre de Psicofonías. Veamos:

La finca El Paraíso

La familia se mudó a esta finca –fértil y espléndida– situada en las afueras del poblado de El Cristo, jurisdicción dependiente de Santiago de Cuba. La casa residencial muy espaciosa y solitaria, aislada en la parte central de una sabana intermontana, intensamente verde.

A mamá no le agradó mucho el cambio debido a su relativa lejanía de Santiago y de Cuabitas, donde vivía su madre, hermanos y demás parientes. Coadyuvaban a su disgusto los sucesos raros que se originaban diariamente en la vivienda. En la cocina, por las tardes y al anochecer, se escuchaban una serie de sonidos (manipulación de cubiertos, platos, vasos y jarros) así como pasos y chirriar de puertas y ventanas que la aterraban de tal manera, que tomaba a Gabrielito y salía a esperar a papá al rastrillo de la entrada.

Súmese a lo anterior que uno de los aposentos se hallaba cerrado por los dueños del lugar. Cuando rentaron la propiedad, comunicaron que el mismo contenía muebles y enseres almacenados, por lo que permanecería clausurado e inaccesible para los inquilinos. Sin embargo, de noche y de día se oía claramente actividad paranormal en su interior, como desplazamiento de muebles, pasos, golpes y otros ruidos perturbadores, todos de origen mecánico.

Boca de Cabañas

Cuando en 1987 tomamos una semana de vacaciones, optamos por acampar por un mínimo de cuatro días en la margen oriental de la pintoresca bahía de Cabañas, distante unos cuatro kilómetros al oeste de la de Santiago de Cuba. Nos acompañaron el ingeniero Leonardo Alegre y su esposa Chavela. Arribamos al punto desbordados de entusiasmo y armamos las indispensables tiendas de campaña. Cayó la noche y echamos un rodeo para intentar atrapar cangrejos terrestres, pero la luna llena frustró el propósito al delatarnos a distancia. Partimos entonces a pescar al cordel desde las múcaras.

Trascurría el tiempo y no picaban. La escasa carnada se agotaba, por lo que determinamos movilizarnos hacia el este de la ensenada para capturar, a machete, algunas "chopas", peces pequeños que se procreaban en unos pozuelos del "diente de perro," surtidos por el oleaje en las altas mareas.

Monchy y Román dormían en el interior de una de las casas de campaña, chequeados constantemente por Mariblanca. Alegre y Chavela permanecieron también en el pesquero. Nos alejamos centenares de metros paralelo al litoral marino, en el espacio geográfico comprendido entre ambas bocas de bahías. Inesperadamente escuchamos un lamento, el gemido desgarrador de una mujer que clamaba en la oscuridad. Realmente era tenebroso, anómalo y helaba la sangre. En medio de la soledad analizamos que en el paraje no existían casas, estaba deshabitado a la sazón, por lo que nos preguntamos: ¿Quién emitiría entonces aquel sonido espeluznante? Probablemente se trataba de una psicofonía.

Nos decantamos por acercarnos al campamento. Avanzamos a paso rápido, pero al arribar al antiguo fuerte distinguimos una sombra, además de la propia, proyectada en el muro exterior. Su estatura sobrepasaba la normal ampliamente. Conformaba la inconfundible estampa de un conquistador español del siglo XVI, con casco (morrión metálico) típico. Miramos alrededor buscando al anacrónico personaje, pero el área se mostraba completamente desolada; no obstante, la inexplicable silueta continuaba reflejada en la pared. Corrimos hacia el campamento y preguntamos, todavía distantes:

—¿Todo bien por allá? —contestaron afirmativamente.

Como no picaban nos retiramos a dormir, desganados, pesarosos, desilusionados. Al filo de la media noche, sentimos una numerosa tropa marchando en dirección al punto de acampada. Aguardamos expectantes, alertas, advirtiendo que los infantes se avecinaban cada vez más. Cuando parecía inevitable que se nos echaran encima, pues la arena que desplazaban sus botas se precipitaba con fuerza sobre el costado de la lona de la tienda, salimos con los faroles; únicamente percibimos el silencio absoluto de la noche de plenilunio. Intercambiamos desconcertadas miradas.

—¿Dónde están los soldados que casi nos aplastan, Ramón? —indagó Alegre azorado.

—No lo sé, y eran muchos —respondimos.

Inspeccionamos visualmente la explanada, antaño ocupada por el baluarte.Reinaba el vacío. Quedamos paralizados, sedientos de respuestas. Las mujeres se sumaron asustadas. El episodio resultaba inconcebible. Permanecimos fuera, de pie, esperando por la prístina luz solar. Poco a poco se esclarecieron las cosas. El primero en revelar sus vivencias fue el amigo Alegre:

—Anoche, cuando usted partió por carnada, escuchamos el lamento escalofriante de una mujer. Por mucho que chequeamos no localizamos a nadie. Mariblanca revisó a los niños y dormían profundamente —aseveró con firmeza. Luego prosiguió—:

Solicitó que lo interceptara donde procuraba la carnada. Al enfilar el paredón de la arruinada fortificación, advertí una extraña sombra junto a la mía; se trataba de un individuo muy alto, con casco metálico, de esos que emplearon durante la conquista española de Cuba. Observé en derredor y no comparecía nadie. Corrí veloz hacia el campamento y no lo informé. Más tarde, al esforzarnos por dormir, un batallón de soldados invisibles se nos venía encima, pero no, tampoco divisamos personas en el entorno. ¿Puede decirme qué pasa aquí?

Con ansiedad aguardamos por el nacimiento del nuevo día, con las cosas empacadas para el precipitado retorno. Las vacaciones planeadas para cuatro días se constriñeron a uno. No deseábamos permanecer ni un minuto más en el enclave. Abordamos el triciclo restando aún un tanto de penumbra y enfilamos rumbo al lejano y añorado domicilio, con la certeza de que lo acontecido aquella noche en Boca de Cabañas no constituía un sueño ni una desagradable pesadilla, sino una secuencia real de eventos paranormales colectivos; es decir, ante numerosos testigos afectados.

El Plan Ocho del río Miami

Mudamos a los viejos a un cómodo apartamento en el noveno piso en un edificio adscrito al Plan Ocho, enclavado propincuo a uno de los puentes levadizos del río Miami.

Desde los primeros instantes nos percatamos de la existencia de muletas y de un andador en el aposento, así como de una máquina oxigenadora y otras cosas ajenas. Mamá nos informó que pertenecían al inquilino anterior, fallecido en el inmueble. Sugerimos que se desembarazara de aquellos adminículos cargados de energías del difunto; no obstante, no lo cumplimentó.

A los escasos días de acomodados empezaron a escuchar pasos y otros ruidos en el apartamento, sobre todo en la cocina, donde alarmaba la manipulación de cubiertos, recipientes, puertas y gavetas. Frecuentemente les encendían la luz mientras dormían.

Por su mediumnidad natural, mamá era la que más advertía la presencia de una entidad compartiendo el sitio con ellos. En el silencio nocturno repercutían los pasos de alguien que se desplazaba torpemente, con dificultad. Hasta papá, bastante incrédulo, comentaba que «en la casa suceden cosas muy raras».

Los nervios se afectaban progresivamente con las manifestaciones, cada vez más notorias, del espíritu residente. Ella se quejaba que el mismo le caminaba detrás, que en ciertos momentos, además de sus inigualables pisadas, captaba una acelerada −como jadeante− respiración, que la asustaba continuamente.

El disfrute idílico del apartamento concluyó, trocándose por angustia, sobresalto y la perenne sensación de que no estaban solos, de que los vigilaba pertinazmente una entidad que se consideraba propietaria del recinto. Al parecer, el ánima del anciano se negaba a abandonarle, acaso inconsciente de su nuevo estatus o quizás aferrado tercamente al plano terrenal.

Por esas y otras circunstancias, los regresamos al campo de casas móviles. Se sintieron felices, aliviados, como zafados de una pesada carga, de una situación desagradable y perturbadora; en fin, la dejación de un lugar al que no fueron invitados, ni tampoco bienvenidos.

Un regaño desde el "más allá"

El primo Lorenzo vivió sus últimos cinco años con nosotros. Al igual que a otros parientes nos dejó un regalo en su testamento.

Unos meses después de su partida, en el 2010, llegó el beneficio de la herencia. Platicábamos con Román en el recibidor de la casa de Foye, en Pensacola, y se nos antojó formular una broma:

—Vamos a invertir este dinerito en "raspaditos" (juego de azar) para ver si lo doblamos.

Al instante escuchamos nítidamente la voz trémula y débil del finado, que desde el interior de la que había sido su habitación (todavía quedaban algunas de sus pertenencias) decía: «¡Tú estás locooo!». Estupefactos nos miramos boquiabiertos.

—¿Oíste eso, papá? —preguntó Román azorado.

—Claramente, hijo —respondimos.

—¿Qué entendiste? —indagó con interés.

—¡Tú estás locooo! —contestamos.

—¡Lo mismo escuché yo! —sentenció con firmeza.

El hecho de que el espíritu de Lorenzo nos hablara, ha sido, sin duda, uno de los eventos psicofónicos de mayor impacto en nuestras vidas. Pero lo que desconocían Mariblanca y Román era que esa fue invariable respuesta categórica, cuando le sugeríamos que jugara un "numerito" de lotería. «¡Tú estás locooo!»,repetía con resolución, ya que estimaba una pérdida de tiempo y de dinero apostarle un dólar a la lotería.

Luis avisa su propia muerte

Ricardo, Frank y Luis eran primos que se querían entrañablemente. Residían en el reparto Vista Alegre, uno de los mejores –por aquella época– de Santiago de Cuba. Como las casas se hallaban en la misma calle, a corta distancia, se trasladaban caminando sin gran esfuerzo.

Luis, cojo desde temprana edad, invariablemente asistía, entre siete y ocho de la mañana, a compartir el café que colaban los hermanos Ricardo y Frank Repilado.

Año tras año, la llegada del primo Luis la delataba el típico ruido mecánico originado por el casquillo metálico de su bastón al chocar con las lajas del pasillo que conducía directamente a la cocina de sus parientes, en el fijo horario en que ejecutaban la "ceremonia" del café.

Un amanecer en el que el reloj no marcaba aún las seis, Frank iniciaba los quehaceres en la cocina. Fregaba ciertos trastos cuando, sorpresivamente, escuchó el inconfundible ruido del bastón de Luis. Extrañado frunció el ceño, con una interrogante en su mente: «¿Qué hace Luis aquí a esta hora? aún no es el tiempo del café». Los pasos se detuvieron justo delante de la puerta. Frank aguardó unos segundos por el toque, que no se produjo. Abrió la puerta y, para su asombro mayor, se topó con el pasillo vacío. Entró pensativo y preocupado, en eso timbró el teléfono. Tan rápido como le fue posible se desplazó hacia el ruidoso aparato. Al descolgarlo oyó una voz quebrada y temblorosa, portadora de un triste mensaje, proveniente de la vivienda del primo:

—¿Eres tú, Frank?

—Sí, ¿qué sucede?—tras unos sollozos escuchó:

—Luís acaba de morir, víctima de un ataque al corazón.

El llanto desconsolado del otro lado del cable finiquitó la conversación.

Frank quedó petrificado, abrumado, consciente de que Luis, en espíritu, le avisó, mediante el sonido del bastón, de su partida.

VI.- LAS APARICIONES

Son materializaciones que se suscitan fugazmente, y de manera eventual ante nosotros, de entidades espirituales que en su estado normal (etéreo) no suele captar el limitado ojo humano. Entre las manifestaciones más comunes tenemos: emanaciones fluídicas, neblina muy blanca, humo, sombras, orbes, fenómenos luminosos y el de mayor connotación de todos: el periespíritu, denominado popularmente como fantasma. Sobre este último nos dice Allan Kardec en su obra "El Génesis: Los Milagros y las Profecías" (págs. 29-30):

"El espiritismo experimental estudió las propiedades de los fluidos espirituales y su acción sobre la materia. Ha demostrado la existencia del periespíritu, presentido por los antiguos y designado por San Pablo cuerpo espiritual, es decir, el cuerpo fluídico que acompaña al alma después de la destrucción del cuerpo tangible. Sabemos hoy que el periespíritu es inseparable del alma, que es uno de los elementos constitutivos del ser humano y el vehículo transmisor del pensamiento que durante la vida corporal sirve de lazo entre el espíritu y la materia".

Más adelante expresa:

"Las propiedades del fluido periespiritual pueden ayudarnos a entender: el periespíritu de por sí no es inteligente, ya que es materia, pero es el vehículo del pensamiento, de las sensaciones y percepciones del espíritu". (op. Cit. Pg. 59).

Acerca del fenómeno de las apariciones A. Kardec señala:

"El periespíritu es invisible para nosotros en su estado normal, pero como está formado por materia etérea, el periespíritu puede, en ciertos casos y por un acto de su voluntad, producir cambios en su estructura molecular y volverlo momentáneamente visible. Así es como se verifican las apariciones, las cuales, al igual que otros fenómenos, no se apartan de las leyes de la Naturaleza. Este fenómeno no es más extraordinario que el del vapor, invisible cuando se encuentra disperso y que se vuelve visible cuando se condensa". (op. Cit. Pg. 307).

"Según el grado de condensación del fluido periespiritual, la aparición podrá ser, en ocasiones, vaga y vaporosa. Otras veces podrá adoptar una figura clara y definida. Y, otras, finalmente, pueden llegar a la tangibilidad real, al punto de engañarnos sobre la naturaleza del ser que tenemos delante nuestro.
Las apariciones vaporosas son frecuentes y ocurren muy comúnmente después de la muerte de ciertos individuos que se presentan a las personas que han amado mucho. Las apariciones tangibles son más raras, aunque hay muchos ejemplos al respecto, todos bien documentados". (op. Cit. Págs. 307-308).

Veamos ahora experiencias de la vida real:

La danza de los fantasmas

Indiscutiblemente, el evento extranormal de superior relevancia acontecido en la casa del reparto La República lo experimentamos junto a la perra Susie, la noche previa al voraz y misterioso incendio que redujo la morada a escombros y que por poco nos cuesta la vida. En efecto, corría el año de 1966, exactamente el 13 de julio y no lográbamos dormir a causa del calor excesivo.

Gabriel trabajaba nocturnamente como músico acordeonista del combo "Zafiro" en Rancho Club. Los viejos se acostaron temprano. Al filo de la media noche, comenzaron a moverse desde el salón central hacia la entrada del cuarto unas esferas rotativas, como de cincuenta centímetros a un metro de diámetro, con puntos luminosos, que transitaban lentamente al interior del aposento. Aterrado por el inusitado evento, subimos a Susie, la pastora alemana, a la cama (teníamos once años de edad) y nos cubrimos con la sábana, dejando un ojo curioso fuera, para fisgonear el misterio que se ventilaba.

Escuchamos sonar la cerradura de la puerta de entrada y respiramos con alivio, al suponer que se trataba de Gabriel, que regresaba de su labor. Cuán desagradable desencanto al constatar que no era la persona que sospechábamos, sino una silueta humanoide, blanca cual leche, alta y, aunque simulaba caminar, en realidad flotaba en el aire; a continuación entraban –y salían simultáneamente– otras entidades análogas, periespíritus nítidamente delineados, algunos –levitando siempre– se desplazaban verticalmente, otros acostados a diversas alturas; ora pegado al techo, ora raso al piso. Un ir y venir dantesco, fantasmal, de numerosa participación, a suerte de reunión presurosa. Los más, giraban en círculos, en el espacio interior. Gracias a Dios, ninguno invadió el cuarto. Las esferas luminosas (orbes) desaparecieron una vez inaugurado el espectral desfile. Reinaba el silencio. La fiel perra se mantenía bajo el cobertor, asustadísima, sin intentar asomarse; nos aferramos a ella, como único testigo y compañía.

Los viejos ni se enteraron del fenómeno acaecido. Para nosotros el tiempo quedó congelado, cada segundo una eternidad. Gradualmente se acercaron a la entrada de la casa. Escuchamos de nuevo el mecanismo de la cerradura, abrieron la puerta y aquel tumulto de fantasmas abandonó finalmente la morada. Otra vez lució vacío el salón. De ciertos espíritus colgaban, de lo que debían ser sus manos, adminículos a guisa de bastón, pero también blanco lechoso, como la silueta antropomorfa.

Desdichadamente, la noche siguiente, a idéntica hora, la casa ardía en llamas; en minutos la perdimos totalmente.

La aparecida de la finca del kilómetro 14

Como dice Allan Kardec:

"Si el espíritu desea que lo reconozcan, dará a su envoltura los signos exteriores que ofrecía en vida".

Papá rentó una finca en el kilómetro 14 de la Carretera Central, para establecer una vaquería que le permitiera desarrollar un negocio de venta de leche.

Una tarde, casi al concluir la jornada de trabajo, se dirigía a los corrales para supervisar el proceso alimentario del ganado, cuando vio claramente a una señora, de avanzada edad, que se encaminaba al corral de las vacas. Sorprendido por la intrusa, enfiló los pasos hacia ella, apreciando que vestía a la antigua —fuera de época— y con un peinado y unos espejuelos de metal redondos y pequeños, decimononos. Cuando se disponía a preguntarle si se le ofrecía algo, la anciana, delgada y de color pardo, desapareció literalmente ante sus ojos.

—Seño...ra—y ahí culminó el diálogo.

Pasaron varios días del inquietante episodio y se trasladó a la oficina del dueño de la finca para abonar el alquiler. Este señor se llamaba Juan Taquechel, a quien le dijo:

—Hace unos días ocurrió algo sumamente raro en tu propiedad.

—¿Qué cosa, Navarrete? —respondió Juan con interés.

—En las proximidades del corral apareció una señora que brotó de la nada, anciana, parda, de espejuelos y vestida de...

—Espera, espera—interrumpió Taquechel—. ¿Será ésta? —mostrándole una vieja fotografía, color sepia, que reposaba en su buró. Papá quedó atónito al contemplar la imagen exhibida: era la misma persona avistada por él en la finca.

—No te preocupes, Navarrete, no has sido el primero en reportarla. Es lógico, mamá vivió y murió allí, ese era su mundo.

Se despidieron cordialmente, ambos interiormente satisfechos; uno, porque constataba que no se trató de una ilusión óptica o espejismo, el otro, porque confirmaba una vez más, que el alma de su madre se paseaba aún por la estancia, revelando la existencia de un mundo espiritual latente, pujante, conviviente e interactuante con nosotros, del cual su propia madre comparecía como su mejor testigo presencial.

Abundando sobre el tema de las apariciones, A. Kardec plantea:

"Las apariciones tangibles sólo tienen la apariencia de la materia carnal, pero no sus cualidades.
Debido a su naturaleza fluídica, no pueden tener la misma cohesión, puesto que, en realidad, no se trata de carne. Se forman y desaparecen instantáneamente o se evaporan por la desagregación de las moléculas fluídicas. Los seres que se presentan en estas condiciones no nacen y mueren como los otros hombres. Se les ve, y en un minuto después ya no están; no se sabe de dónde vienen, cómo llegan, ni dónde van. No se podría matarlos, ni encadenarlos ni encerrarlos en una cárcel, ya que no tienen cuerpo carnal. Si se intenta golpearlos, los golpes caerían al vacío". (op. Cit. Pg.308).

Un espíritu residente en la casa del tío Roberto

El tío Roberto vivía próximo al paradero del tren del tercer crucero del ferrocarril, cercano a la entrada del reparto La República, donde a la sazón residíamos. Para llegar a su casa había que cruzar la línea férrea y recorrer un breve camino enlajado que culminaba, precisamente, en el domicilio de su único vecino, el señor Alexis Pérez y familia.

La vivienda resultaba cómoda y espaciosa, convenientemente distribuida. Con mucho esfuerzo la adquirieron y sometieron a modificaciones y mejoras estructurales y cosméticas. Al cabo de un tiempo, empezaron a experimentar una común visión paranormal: el espíritu de un hombre de piel blanca, elegantemente vestido con un traje de color oscuro, que penetraba en la casa, cruzando por la terraza, la sala, hasta esfumarse en el aposento de los tíos. Su aparición era frecuente y casi siempre duraba unos instantes, lo suficiente para advertir sus rasgos distintivos.

Al inicio la familia se inquietó.Sintieron temor y angustia, pues cuando menos lo esperaban arribaba el caballero con su impecable frac negro. Pero, con el decursar de los años, fue formando parte de la vida cotidiana y, a fuerza de insistencia, se convirtió en algo normal. El hecho de que no ejecutara acciones contra ellos favoreció una coexistencia pacífica.

La presencia del residente "extra" en el domicilio fue captada por personas ajenas al mismo. Lolita, la vecina de la casa de enfrente, le avistó, sobre todo en las tardes, en el sendero enlajado. Según afirmara, la observación, bien nítida, duró unos segundos.

Una noche temprano, Gabriel visitó a los tíos. Sentado en el espacioso recibidor que fungía, además, como salón de música, conversaba amenamente con la tía Beba cuando de repente, advirtió al aparecido y, debido a un gran parecido físico (sólo alcanzó a verlo de espaldas) lo confundió con papá. Dejó el asiento para saludarle pues ya pasaba al salón interior, cuando, para sorpresa suya, desapareció. Se evaporó delante de sus narices. Atónito miró a la tía, que no le dejó abrir la boca.

—¿Lo viste?. No te asustes, él vive aquí, ya lo investigué. Se trata del espíritu de un señor de apellido Berenguer que habitó y murió en esta morada antes de que la comprásemos. Él no se mete con nadie, sólo entra y va directo al cuarto que previamente fue suyo. Respetamos su derecho y él el nuestro —sentenció gravemente—. La vida es así, sobrino, estamos en un mundo compartido, entre los que existimos ahora y las almas de los que nos precedieron. Como apreciarás, algunos no quieren partir, porque permanecen aferrados a su pasado material —concluyó la tía sabiamente.

Taca "pasa lista" a su pretendida

El primo Taca residió con sus padres, por algunos años, en la casa de abuela Dora en el poblado de Cuabitas. A la sazón era un adolescente que incursionaba en el mundo del amor, procurando sus primeras conquistas locales. Así fue como puso sus ojos en Esperancita, hermana de su amigo Alfredito, que vivían cerca.

Al anochecer, después de la cena, solía "pasarle lista" a su pretendida, recorriendo para arriba y para abajo, el térreo camino que cruzaba frente al hogar de su Dulcinea. Si divisaba al amigo en el portal o en el patio, ya contaba con una excusa para detenerse a conversar, abriéndose así a la posibilidad de contactar con la joven de sus sueños.

Una noche se dispuso a efectuar el tránsito de rutina, cuando, al aproximarse al objetivo, comprobó que tenían visita. Siguió de largo para hacer tiempo y esperar que se marcharan, decantándose por saludar al vecino Beby, no lejos de allí.

Contrariado por el fiasco inicial, iba inmerso en pensamientos adentrándose en un potrero en el cual solían pastar las reses de Beby. Se percató entonces de la presencia de un individuo junto a la talanquera. A medida en que avanzaba, notaba, a la luz de la luna, que el sujeto, bien oscuro –como sombra– cubría la cabeza con una capucha. Bloqueaba el paso por el rastrillo y permanecía inmóvil. Taca se acercaba más y más, sin apreciar cambio en la actitud del inesperado intruso. Algo nervioso, le dirigió la palabra:

—Necesito pasar y no quiero problemas —no obtuvo contestación, por eso insistió—: Repito, voy a cruzar, no deseo problemas, pero tengo un arma —refiriéndose a un cuchillo de caza que portaba en su cintura. Otra vez la callada por respuesta.

Ya distaban escasos pasos uno del otro y captó un detalle que le heló la sangre y le provocó terror: la negra figura humanoide levitaba, flotaba en el aire. Por dentro de la capucha no se apreciaba rostro alguno, era un hueco vacío. Entonces, paró de golpe, mirando fijamente a aquella entidad impertérrita. Pero su reacción fue inmediata: olvidándose por completo de su filoso cuchillo, emprendió una veloz carrera en reversa, sin tornar la cabeza. Parecíale infinito el potrerillo e interminable el camino de vuelta. Le atormentaba no conseguir escapar del espectral fenómeno.

Por suerte, la fuga "a uña de buen caballo" resultó exitosa; en unos minutos se hallaba otra vez frente a la casa de su adorado tormento. Afortunadamente ya la visita se había marchado y, como la puerta estaba abierta, sin tocar penetró en la sala, chorreando sudor, pálido y desencajado. Alfredito le vio venir desde la ventana y acudió a su encuentro, preguntándole:

—¿Qué te pasa? ¿Por qué corriste de esa manera?

Taca, sin aliento, no atinaba pronunciar vocablos.

—¿Te apetece un vaso con agua? —indagó Alfredito preocupado. Taca asintió moviendo afirmativamente la cabeza. Con el ansiado líquido vino otra interrogante: —¿Por qué estás tan pálido? Tras larga inspiración oxigenadora contestó por fin:

—He pasado un susto tremendo, lo que me acaba de ocurrir no se lo deseo a nadie —afirmó bebiendo agua.

—¿No me digas que te correteó una vaca? —expresó Alfredito maliciosamente.

—No, fue un toro —respondió el primo al percatarse de que su anhelada jovencita irrumpía en la sala.

Huelga aclarar que nunca más osó visitar a Beby de noche.

A pesar de que ha transcurrido medio siglo del singular encuentro, con sincera emoción expone el relato con asombrosa nitidez. Conviene informar que Taca no es creyente.

Una comunicación después de la muerte

En 1978 falleció el tío Guillermo (hermano mayor de mamá) víctima de una embolia cerebral. Enterados con gran retraso, debido a que no disponíamos de teléfono en aquella época, tuvimos que reclamar el cadáver en la morgue del hospital provincial Saturnino Lora. Luego de la firma de documentos del trámite, vestimos al difunto (se hallaba sin camisa) y lo remitimos a la funeraria Bartolomé, de Santiago de Cuba.

Partimos al distante Caletón Blanco a informar la triste noticia a su hermana Dorita, donde arribamos a altas horas de la madrugada. Una total oscuridad reinaba en el solitario paraje, el silencio sólo lo interrumpía el estruendo de las olas del mar al embestir la línea de la costa. En medio de la penumbra comenzó a brotar lentamente la figura de la pequeña vivienda. Los ladridos del guardián, el corpulento perro Capy, advirtiendo la aproximación de un inesperado visitante, se trocaron pronto en gemidos de alegría al descubrir su identidad. Luego de un suave toque, surgió la pregunta del interior:

—¿Quién es? —era la voz de Dorita.

—Soy yo, mamá, ábreme —respondimos con celeridad para tranquilizarla. Entreabrió y asomó el preocupado rostro. Entonces expresó con marcado nerviosismo:

—Has venido a avisarme que Guillermo murió, ¿verdad?.

Tras breve pausa, devolvimos la interrogación con sorpresa:

—¿Por qué dices eso?

—¡Ay, mi hijo! —exclamó—. Poco antes de tú llegar lo vi sin camisa, parado frente a la cama, observándome y fumando, como de costumbre. Cuando reconoció que capté su mensaje, se disolvió su imagen en el humo del cigarrillo.

Para mamá resultó evidente que su hermano la visitó para comunicarle personalmente su deceso.

Buenas noches, señora; señora, buenas noches

Por más de una década impartimos clases de Español y Literatura Cubana en la escuela secundaria básica Ángel Espinosa, situada en la calle Celda, en Santiago de Cuba. Funcionaba en el mismo local que en la sesión diurna operaba una primaria.

El señor Larrea era el estudiante de mayor edad del plantel. Todos admirábamos el esfuerzo que desplegaba para graduarse de secundaria básica, con más de sesenta y cinco abriles. Disfrutaba de la simpatía y el respeto de sus condiscípulos, con los que compartía tres horas y media diarias, de lunes a jueves. Su educación, amabilidad y buenos modales lo distinguían como todo un caballero, enchapado a la antigua.

Una noche, rozando las nueve, solicitó permiso para dirigirse al servicio sanitario. Se encaminó por el angosto pasillo hasta que se perdió de vista su figura. Segundos después regresaba como caballo desbocado, jadeante y con los ojos que parecían proyectarse fuera de las órbitas. Los compañeros de aula salieron a su encuentro.

—¿Qué sucede, Larrea? ¿Por qué viene usted corriendo? —sofocado respondió:

—La señora, la saludé —afirmó—: Señora, buenas noches; buenas noches, señora.

—¿A qué señora se refiere usted, Larrea? —indagamos extrañados.

—A esa que apareció delante de los baños, con rostro de sufrimiento, quemada, descalza, como demente, vestida con bata de casa blanca y con el cabello lacio, muy desordenado —detalló sobresaltado.

—¿Y dónde está ella? —interrogamos al unísono.

—Se desintegró en un humillo blanquecino.

Nos movilizamos en grupo hacia el lugar del suceso y sólo hallamos ausencia humana y silencio total.

Distábamos de sospechar que meses más tarde experimentaríamos, fugazmente, la misma espeluznante visión de Larrea, en el propio patio, frente a los baños. El espectro de la mujer se mostró en un fluido blanco, como vapor, y se disolvió en breves instante en él. Huelga agregar que huimos rápidamente del lugar.

Al cabo de breve lapso supimos que la horripilante aparición resultaba harto conocida por los trabajadores de la primaria y que se repetía con frecuencia, a tal punto que apresuraban sus labores, evitando que les sorprendieran las sombras de la noche en esa sección del viejo local.

Según la tradición oral, previo al edificio escolar, *in situ* radicaba una vivienda cuya dueña, enloquecida, cometió suicidio prendiéndose fuego, muriendo achicharrada. A partir de esa fecha reportan su fantasma atrapado en la vetusta construcción.

De cualquier manera testimoniamos que, a partir de la experiencia paranormal sufrida por Larrea, ya nadie acudía en solitario a los servicios sanitarios. Se convidaban, para ello, en pequeños grupos superiores a dos personas

La luz de Gerónimo

La admiración, el respeto y simpatía de Gabriel hacia Gerónimo, el gran líder nativo norteamericano, comenzó cuatro décadas atrás, en Cuba. Sobre este interesante personaje histórico,que simboliza la rebeldía indígena contra la conquista del oeste de los Estados Unidos por los colonos blancos, leyó con fervor cuanto libro cayó en sus manos.

Mientras más información adquiría, incrementaba su fascinación por él, a tal punto de que le confeccionó un memorial en el patio de su casa en Cuabitas. Un sencillo poste de madera recia, vertical, enterrado en uno de sus extremos, rodeado por piedras y cactus, todo muy natural y bien dispuesto, conformaban el conjunto de recordación.

Desfilaron los años y un día aprovechó la invitación a visitar los Estados Unidos para solicitar asilo político. Los primeros meses los pasó en Carrollton, muy cerca de Dallas, Texas, en la casa de los tíos Nena y Viñas.

Cuando los primos hermanos le preguntaron a dónde prefería ir de paseo, respondió, sin vacilar:

—¡A Oklahoma, a conocer la tumba de Gerónimo!A solas, en la sepultura del bravo combatiente, reverentemente proclamó:

—¡Gerónimo, aquí estoy, cumplí contigo!Se había hecho realidad un sueño que en Cuba creía inalcanzable. No concebía aquello, por lo que dio gracias a Dios por la concesión de aquel deseo, rozante a lo conceptuado como un milagro. En verdad se premió su constancia, su fidelidad, más allá del tiempo y de los mares.

Recién instalado en la ciudad de Tampa, Florida, compró una fotografía clásica de Gerónimo, ya entrado en años, correspondiente a la etapa de su retención en la reservación india, la cual colgó en su cuarto de estudio.

Trascurridos unos años, cuando junto a su esposa Miriam nos visitó en Pensacola, solicitó a Ramoncito que le llevara a Fort Pickens, en la margen oriental de la entrada al puerto de dicha ciudad, donde estuvo cautivo Gerónimo con un grupo de seguidores desarraigados y confinados en La Florida. Cuando se movilizaron al punto se toparon con la carretera de acceso al histórico complejo cerrada, por las penetraciones del mar. Frustrado el intento, convinieron repetirlo en un futuro próximo. Al siguiente año lo lograron, cumpliendo el objetivo de fotografiar y recorrer el enorme baluarte.

En octubre del 2012, retornaron acompañados por el primo Taca; lo celebramos y por la noche, durante una amena velada en la que Gabriel pronunció una magistral disertación sobre la vida de Gerónimo junto a una fogata, aconteció un evento insospechado. Nos acomodamos junto al fuego, inmersos en la pormenorizada narración cuando, súbitamente, una luz esférica despegó del suelo muy cerca del grupo y ascendió brillantemente rumbo al cielo, donde desapareció.

—¡Miren eso! —exclamó Ramoncito, sorprendido e impresionado.

Alcanzamos a apreciar, por encima del hombro, una iluminación a manera de orbe blanquísimo, que se esfumó en la bóveda celestial. Para los restantes, el fenómeno pasó inadvertido.

Cuando se habla con tanta pasión, intensidad, admiración, profundidad de conocimiento y vehemencia sobre un difunto —máxime si éste tuvo una existencia atormentada, itinerante y sufrida— se avivan sentimientos que se convierten en una honda y persistente evocación —o convocatoria— de su espíritu, aunque ni remotamente esa haya sido la primaria intención.

En plurales oportunidades ha derivado así, y el ánima del muerto suele manifestar su comparecencia de diversas maneras: a través de recursos sonoros (voces, quejidos, golpes u otros ruidos); visuales (observación de espectros, vapores, orbes, periespíritus, humo, luces o sombras); sensoriales (erizamiento o percepción de que rozan o soplan nuestra piel); olfatorios (captación de olores, como perfumes, bebidas alcohólicas, químicos, fetidez, flores, entre otros), así como sematológicos (movimiento, caída, rotura o traslación de objetos).

Luego, actúan sobre la mente, transmitiéndonos informaciones y noticias que sólo ellos poseen o concediéndonos claves para que les identifiquemos con certeza. Esto parece haber acontecido en aquella velada junto al fuego. El espíritu del guerrero deseó revelar su asistencia a través de un fenómeno luminoso. ¿Habrá recepcionado su alma un estímulo de ascensión al cielo? De cualquier forma, lo cierto es que esa noche de octubre del 2012, dos personas contemplaron la luz de Gerónimo, acaso para que testimoniasen su gratitud a quien dedicó parte de su vida a admirarle y honrarle; quizás el único en Cuba que, a título personal, le erigiera un humilde memorial con el que materializara la devoción que en lo profundo de su corazón le profesara.

Un mensaje desde ultratumba

Dorita y Victoria eran mellizas que se querían entrañablemente. Desde su nacimiento el veintinueve de diciembre de 1918 en Santiago de Cuba, mantuvieron una constante comunicación. Victoria no dejaba de llamar a su hermana todas las semanas, al tanto de su condición de salud; por eso, en noviembre del 2005, ante su silencio prolongado, Mariblanca extrañó extraordinariamente el hecho. Grande fue su sorpresa y pesar cuando Taca –único hijo de Victoria– le comunicó que su madre yacía grave en el hospital. El cuatro de ese mes expiró.

Por piedad no se lo informamos a Dorita debido al avance de su cruel enfermedad. Pero al tercer día del fallecimiento de la tía, prorrumpió en llanto inconsolable. Al preguntarle la nuera el porqué de aquel sentimiento, replicó:

—Porque mi hermanita Victoria murió.

Mariblanca, desconcertada, agregó:

—No digas eso, Dorita, si recientemente hablaste con ella.

A lo que la anciana replicó:

—Victoria pasó por aquí veloz, y me dijo que no me llamó más ya que tres días atrás falleció.

Desde ese instante, Dorita estuvo consciente del deceso de su adorada hermana, pues ésta se lo comunicó, personalmente, después de muerta.

La aparición de papá

Una mañana en que la asistente del servicio social fue a bañar a mamá, en la casa de la 32 Avenida y la 95 Terrace, en el NW de la ciudad de Miami, a ésta le inició un misterioso ataque; se tornó muy pálida y desencajada. De inmediato Mariblanca llamó al Servicio de Rescate. En medio de la angustia, ante sus atónitos ojos, se presentó el espíritu de papá, sin ropa, sin carne, sin rostro ni otros rasgos, sólo su inconfundible contorno vaporoso, blanco lechoso (periespíritu).

La asistente cayó en trance. La figura de papá compareció de pie, como observándolo todo, junto a la puerta del cuarto. Los gritos y el llanto de la asistente proporcionaban un toque dantesco a la escena. Mariblanca contempló la aparición, seguramente motivada por el desmayo súbito de mamá, que insinuaba marcharse de este mundo.

En tres minutos arribaron los paramédicos. El espíritu se esfumó. Los rescatistas declararon "adecuados" los signos vitales, a la vez que la anciana despertaba indagando: «¿Qué pasó?». El ambiente retornó a la normalidad en la vivienda.

Al siguiente día, recibimos comunicación de la asistente, renunciando al desempeño de su labor con mamá.

El fenómeno del arenal

Aquella calurosa tarde, Blanca esperó a su esposo Millo en la casa de sus cuñados, en el poblado de Mota, para regresar a su estancia ubicada en Río Chiquito, costa suroriental de Cuba. Avanzaba la década de 1940 y el ocaso del día se avecinaba cuando llegó por fin el momento de partir. Pero la bestia, tan sobrecargada, no concedió espacio para otro cabalgante, por lo que la fiel compañera debió conformarse con caminar a su lado.

Charlaban animadamente cuando superaron una curva del polvoriento sendero y desembocaron frente a un arenazo yermo, desolado. Ya la noche había extendido su manto negro. De repente el caballo se detuvo en seco, negándose rotundamente a continuar. Millo recibió un golpe de aire helado en su pecho, en tanto el cuadrúpedo clavó su vista en un punto del arenal. Entonces observó asombrado que, en efecto, sobre la arena reposaba, silencioso, un extraño e imponente animal, ajeno a la fauna insular conocida. Sus dimensiones como las de un torete, color rojo sangre, con abundantísimos lunares blancos, cual leche. La cabeza, voluminosa, sin cuernos, exhibía luengas orejas. Sus ojos, ovalados oblicuos, desproporcionadamente grandes y brillantes como fuego.

A viva espuela, Millo consiguió que su bestia reanudara la marcha por el rústico sendero. Creía que su cónyuge permanecía ignorante de la espeluznante presencia; empero, apenas rebasados unos metros, ella indagó:

—¿No viste un fenómeno en el centro del arenal?

Él, perturbado, devolvió la interrogación:

—¿Te percataste de ello?

—Clarísimo, y quiero que sepas que no se trata de un ser de este mundo, puedo asegurarlo, como que vamos por este camino—sentenció con firmeza.

Guiados por el instinto apresuraron el paso hasta alcanzar, minutos después, la anhelada vivienda.

En la alborada del siguiente día, con la hierba empapada aún de rocío, Millo partía a su labor. En la despedida, Blanca aconsejó prudencia y ojo avizor al cruzar frente a la explanada arenosa. Pero cuando éste tocó el punto, constató que la aparición no estaba.

Antes del mediodía, Blanca no resistió la curiosidad tentadora; se trasladó diligente al sitio de encuentro de la noche anterior, revisó minuciosamente la superficie del área en que se hallaba echada previamente la extranormal figura, pero no advirtió la más mínima huella, como si nada material hubiere concurrido allí. La ausencia total de trazas evidenciales, robusteció su criterio de que el supuesto animal, horas antes avistado, no constituía un ser tangible, terrenal, sino una entidad espiritual, tal vez demoníaca, proveniente de otro plano o dimensión, que se mostró a sus humanos ojos por unos instantes para legar un testimonio de su incursión en el reino de los vivos.

La noche de los *Shadow People* y otros fenómenos anómalos

Blackwater es una inmensa reserva o parque natural del oeste de La Florida que posee más de 191,000 acres. Situada en el condado de Santa Rosa, resulta una excelente zona de caza. En sus extensos bosques abatimos numerosos venados desde el 2008.

Una de las áreas de mayor éxito en las actividades cinegéticas la denominamos "Los Cuatro Caminos", por interceptarse *in situ* dos senderos forestales. Pero, de igual forma, vivimos allí insospechadas experiencias, vinculables al mundo del misterio, como reseñaremos seguidamente.

Sólo asistimos dos aquella tarde gris invernal del 2016. Ramoncito cubría los cruces de entrada al cazadero y quien escribe los del fondo. Restando aún cierta claridad, sorpresivamente recibimos aviso –por radio– del fin de la jornada de acecho. Recogimos todo y retornamos al punto de encuentro. La conclusión prematura no era normal. ¿Qué había sucedido? Ya en el objetivo hallamos que él tenía las cosas colocadas en el vehículo, listo para partir. Al averiguar el motivo de la temprana retirada dijo:

—Media hora antes de llamarte, escuché un ruido considerable a mi izquierda. Estimé se trataba de un venado y aguardé presto, su cruce frente a mi rifle —hizo una pausa y, seguidamente prosiguió—: Comencé a oír un ligero cascabeleo, como de una cadenita, que se acercaba. En eso, de la espesura, brotó un hombre, caucásico, de buena estatura, cabello y barba castaños, vestido con pantalón pardo oscuro, algo ceñido, que moría a media pierna; calcetines blancos, sumamente largos, calzando zapatos de tacón elevado, color carmelita. Su camisa blanca, de luengas mangas y cuello antiguo como gorguera con vuelos, le caía al pecho, desbordando un chaleco de cuero con flecos marrón, que completaba su elegante y anacrónica indumentaria—tras honda inspiración continuó—: El individuo avanzaba a campo traviesa, enfiló mi línea de tiro, ignorándome por completo. De repente, alzó una vieja cantimplora y bebió, distinguiendo así la ruidosa cadenita, que unía la tapa con el recipiente. Tan nítida la visión que al principio me asustó un poco, pensando en una persona real, viva, extraviada en el bosque; pero al cabo el sujeto se desintegró, evaporándose ante mis narices. Y a continuación concluyó: —Su imagen, definible como de un personaje colonial, no se aparta jamás de mi memoria.

En otro intento de cacería en "Los Cuatro Caminos", fuimos testigos de un evento inquietante: Mariblanca y Ramoncito, como de costumbre, se apostaron cubriendo los cruces de venado existentes a la entrada del enclave, en tanto partíamos a controlar los del fondo del sendero que finiquitaban en el bosque firme.

Todavía disponíamos de algo de luz cuando, impensadamente, nos asustó la voz de Monchito en la radio, anunciándonos la culminación de la cacería. Intrigaba lo temprano de la decisión. Al arribar al punto, observamos a madre e hijo atisbando el dilatado camino, en dirección este. Sostenían un escueto diálogo, en voz baja. Mariblanca informó nerviosa que estaba suscitándose un evento anormal. Refirió que a Monchito le empujaron por la espalda mientras vigilaba el sendero. Volteó la cabeza y no comparecía nada material, ocularmente perceptible a su alrededor. Una corriente de aire helado le arropó en medio del calor. Acto seguido, el joven cazador escuchó un ruido en la foresta a su izquierda. Avistó entonces un fantasma que se presentó allí el año anterior, desplazándose entre los árboles. Su silueta humanoide, blanca cual la leche, bien diáfana, diríase que un poco más materializada que la vez precedente. Constató que no era una ilusión óptica ni un espejismo, pues el espectro aparecía y desaparecía, según transitara, delante o detrás de los pinos, de forma sostenida y prolongada.

No obstante, afirma que consideró a estos eventos como una especie de alerta, más que una agresión propiamente.

Al instante de reunirnos interrogaba a su madre:

—¿Lo viste? Cruzó de nuevo.

—¿Qué fue, un venado? —indagamos.

—No—respondió Mariblanca asustada.

Al momento añadió:

—Unos fenómenos sobrenaturales atraviesan el camino—afirmó angustiada.

—¡Miren, miren, va hacia la derecha otra vez! —exclamó Ramoncito alarmado, sin quitar la vista de la angosta vía. Entonces observamos atentamente. Nos inclinamos un tanto para apreciarla mejor desde un ángulo en que aprovechaba al máximo la paupérrima luz solar supérstite. En eso volvió a escucharse la voz de Ramoncito (Monchito para sus íntimos):

—Ahí cruza, ¿no lo ves, papá? Quedamos petrificados al descubrir en el camino una figura humanoide, como esquemática, de color negro, delgada al extremo y sumamente elongada, diríase que entre ocho y diez pies de altura, moviéndose de norte a sur, lenta y como bamboleante. Sus extremidades, significativamente largas, sobre todo las inferiores. Llamaba poderosamente la atención su atípica cabeza, en forma de bombilla eléctrica, tipo alienígena. De aspecto tenebroso, causaba la impresión que conocía de nuestra concurrencia y que le era indiferente. A veces aparentaba más bien flotar que pisar en firme el suelo. Se perdió dentro de la espesura (Ver Lámina III).

Ya la noche extendía sus lúgubres alas sobre la Tierra. Una enrarecida sensación nos embargó. Tratábase de un ente misterioso, desconocido, probablemente maligno. Califica dentro de lo que ha sido definido popularmente en los Estados Unidos como *Shadow people* (gente sombra). Por supuesto, desistimos de perseguirle y nos retiramos a casa.

Aquella novedosa manifestación ratifica el criterio que sostenemos de que "Los Cuatro Caminos" tipifica un escenario embrujado, dado la concurrencia de eventos paranormales en el mismo. La cuestión radica en determinar si estos supuestos hombres sombra son de origen espiritual o alienígena.

Quizás no sobre agregar que en la temporada precedente, una tarde, en medio del bosque, a la puesta del sol, escuchamos un atípico ruido, como de aceleración de una potentísima turbina, muy agudo e intenso, como de un objeto volador no identificado que despegó hasta el cielo, procedente de la foresta circundante. Al día siguiente, a una milla de distancia al ESE, detectamos una intrigante huella. La superficie de la hierba baja mostrábase quemada en círculo perfecto, de unos cinco metros de diámetro que contrastaba con la lozanía del pasto que lo rodeaba, como si hubiese reposado allí un gran plato de metal u otro material sólido, muy caliente.

Sería interesante dilucidar qué objeto, maquinaria o nave pudo arribar a tan apartado y poco accesible paraje y dejar una singular impronta térmica, a manera de "tarjeta de visita". Una cuidadosa inspección visual de la periferia del círculo de yerba simétricamente quemada, reveló ausencia de marcas de estrías, rodillos, esteras o neumáticos; como si el artefacto, de base plana, hubiere descendido in situ por sí mismo, desde el espacio. El enigmático punto se sitúa a cielo abierto, bien a propósito para un cómodo descenso vertical.

Otro fenómeno extranormal tuvo lugar el veintiséis de noviembre del 2015. Ese día nos apostamos junto a Mariblanca, ella cubría los cruces del este y nosotros los del oeste. De repente experimentó la visión de un indio, de elevada estatura, con elegante penacho enhiesto, abrigo de piel marrón, con las manos amarradas delante. Un sujeto de la raza blanca, con ropa de civil, le conducía cautivo rumbo al río. Avanzaban hacia nosotros por el sendero y súbitamente se desvanecieron.

En "Los Cuatro Caminos" hemos escuchado pasos y otros ruidos perturbadores año tras año, así como la persistente sensación de cazar vigilados.

La persecución de la sombra

Todo era felicidad al principio. Al cabo de un tiempo, la paz nocturna convirtióse en tormento. Recién acostado Bryan comenzó a sentirse inquieto, molestado por algo que le asediaba. Cuando el cansancio dominaba sus pestañas una entidad se le arrojaba encima, apretándole unas veces, otras acariciándole. Despertaba sobresaltado, asustado, consciente de que no había sido un sueño.

Con el decursar de los días la perturbación se acrecentó. Apenas quedaba dormido, la entidad se acostaba a su lado; advertía que un peso incorpóreo hundía el colchón y le abrazaba. Saltaba cundido de pánico y, de reojo, captaba una sombra que en breve se desintegraba.

Le comunicaron el problema a un miembro de la iglesia Católica que acudió en su auxilio. Efectuó plegarias en el aposento, regó agua bendita, quemó incienso y le obsequió una estampita de San Miguel y un rosario, recomendándole que rezara antes de acostarse.

El joven disfrutó de tranquilidad por un par de meses. Dormía a pierna suelta, hasta que, confiado, dejó de cumplimentar las recomendaciones y regresó la empecinada sombra y reinició las agresiones, ahora con superior intensidad.

Una noche en que Bryan se hizo un *selfie*, observó aterrado que en el fondo de la foto comparece la siniestra entidad vigilándole en una esquina (Lámina IV). Magnificada la imagen, se distinguen rasgos faciales en la figura encapsulada, de una entidad femenina, acaso "enamorada" de su víctima.

Pasó el tiempo y bajo el mismo asedio, Bryan se mudó a otra vivienda. La habitación permaneció vacía y cerrada. De noche escuchaban ruidos en el pasillo frontal del aposento en cuestión, como de alguien que exploraba la casa, en pos de algo que no encuentra.

En una ocasión, mientras dormían, en horas de la madrugada, se produjo un estruendo en la sala. Ramoncito despertó sobresaltado y se dirigió veloz al punto. Un candelabro, enganchado firmemente en la pared por años, fue desarraigado y lanzado al centro de la sala, bien distante de su engaste original.

Primaba el estado de alarma entre los habitantes del domicilio, evitaban desandar innecesariamente por el inmueble, y mucho menos incursionar en el desocupado aposento.

Por esos días Jackie, la hermana mayor de Fátima, esposa de Ramoncito, los visitó acompañada por sus dos hijos y por su amiga Evelyn, a la que acomodaron en el antiguo cuarto de Bryan. Ella ignoraba por completo la vivencia *in situ* del ocupante previo, de modo que se tumbó cansada y libre de preocupaciones y de prejuicios.

Al próximo día, ojerosa y visiblemente alterada, manifestó su negativa rotunda a pernoctar más en esa recámara, ya que por la madrugada le agarraron por los pies y movieron cosas a su alrededor. Afirmó que no consiguió pegar un ojo por una presencia perturbadora, a la que oyó nítidamente cuando produjo el sonido gutural del limpiado de flemas. La siguiente noche la pasó en otra alcoba, sin novedad.

Aquel veintitrés de noviembre del 2018 Jackie se encamó en el cuarto de Gabriel Emilio, nuestro nieto, ubicado paralelo al solitario dormitorio de Bryan. Despierta todavía, se le presentó el temido fantasma ante el lecho, que con voz de ultratumba le dijo: «Vente conmigo».

Jackie, espantada, huyó despavorida con su pequeña cría y trémula se metió en la cama con Fátima. La describió idéntica a la imagen capturada por el *selfie*, de la cual nunca tuvo conocimiento: mujer joven, pequeña, morena, de cabello negro y largo y de aspecto siniestro.

Con el alba, toda la comitiva de visitantes emigró a la vivienda de la hermana Sarita, enclavada a poco más de dos cuadras. Jackie aseguró, con firmeza, que mientras radique allí el fenómeno no pernoctará más en esa casa.

Al cabo de unas semanas de este suceso la insistente entidad se marchó, quiera Dios que para siempre.

VII.- Solicitud de ayuda para resolver asuntos terrenales pendientes

Cuando una persona muere súbitamente, se produce una ruptura abrupta en su plan de vida: deja su misión inconclusa. Su alma, por lo general, no trasciende y permanece anclada al plano terrenal, intentando culminar su truncado proyecto. Entonces el espíritu se vale de plurales argucias para hacernos llegar, con esfuerzo, una comunicación concerniente al asunto pendiente de su extinta etapa como encarnado en la Tierra.

Son asombrosos e inconcebibles los métodos y procedimientos utilizados para coronar exitosamente su fin. Suelen contactar, preferentemente a médiums o clarividentes, transfiriéndoles diversidad de mensajes por medio de un lenguaje poco ortodoxo. A veces basta con poseer un buen grado de sensibilidad natural (aunque no sea médium, psíquico o clarividente, ni pariente del difunto) para recepcionar e interpretar su reclamo de auxilio desde ultratumba. Veamos algunos ejemplos de la vida real:

El secuestro de Juan Miguel

Transcurrían los primeros años de la década de los cincuenta y Juanito Martínez, su esposa e hijos, que vivían en Mota, decidieron pasar el domingo en la casa de su hermano Millo, en la finca Camaroncito, costa suroriental de Cuba, al oeste de la ciudad de Santiago de Cuba y al este de Pilón, a escasa distancia –y al levante– del poblado de Mota. A la sazón la finca pertenecía al señor Albio Pérez.

En el tiempo en que aconteció el evento que en breve relataremos, no había otros pobladores en varios kilómetros a la redonda. Pequeños caseríos se localizaban en Naranjo China, Sierra Maestra y en Goleta y La Peñita en el litoral.

Desde las postrimerías del período colonial español hasta casi finalizada la década de los cincuenta, en la zona se efectuó una activa extracción minera, por compañías norteamericanas. Así lo atestiguan las cicatrices de los cortes que exhiben algunas lomas, practicadas para extraer de las entrañas de la tierra los minerales; las ruinas arquitectónicas de instalaciones de concreto (hormigón armado) de un derruido embarcadero, así como un vetusto cementerio, contentivo de tumbas, bóvedas y panteones enrejados, construidos con elementos costosos importados, sin duda discordantes con la sencillez y simplicidad de la cultura material de los escasos colonos que allí se establecieron a posteriori.

El aislado camposanto siempre estuvo envuelto en una atmósfera de misterio. Grandes matas de plátano y de guineo crecían en su interior. Producían enormes racimos que se pudrían, porque nadie, por respeto, los cortaba. Es más, la gente eludía transitar de noche por el desolado y tétrico paraje.

Cuentan que una vez, un pescador arrancó de una sepultura uno de los largos balaustres de hierro, con punta lanceolada, de su perimetral verja, con el propósito de utilizarle como arpón en el mar. Rumbo a la costa, le sobrevinieron unos extraños y repentinos temblores, escalofríos y fiebre intensa, a tal punto que no conseguía avanzar. Sus compañeros de pesca atribuyeron al acto de profanación la causa del malestar progresivo, por lo que enfáticamente le aconsejaron que restituyera, en su sitio, la barra metálica sustraída.

Regresó lento, bamboleante, trémulo y calenturiento. Una vez impostada en su engaste original, cesó, como por encanto, el mal contraído.

Los hermanos Martínez pasaron un placentero día con sus respectivas familias. Durante la despedida Juanito colocó su fino sombrero en la cabecita de su pequeño Juan Miguel, de apenas tres años de edad. Empero, al momento de montar las bestias para emprender el retorno a Mota, el niño no apareció. Le llamaron a subidas voces, inútilmente. Registraron acuciosamente la casa y sus alrededores, sin éxito. Se dividieron para peinar las áreas adyacentes, pero nada; caía la noche y Juan Miguel proseguía ausente.

Ante la dura realidad, acrecentábanse la angustia y la desesperación de sus progenitores, quienes enviaron un mensajero a Mota, solicitando ayuda. En breve arribaron parientes y vecinos a caballo. Se reunieron en el batey de la casa de Millo y Blanca y encendieron faroles, mechones y hachos, separándose en partidas de búsqueda. Quizás nunca antes Camaroncito había sido iluminado igual por un improvisado y diligente "enjambre de luciérnagas" que, sin dilación, se desparramó por el territorio; unos a pie y otros montados.

Llevaban horas de intenso e ineficaz pesquisaje, cuando Danielito Sánchez, hermano de Blanca, que cruzaba con su bestia contiguo al cementerio, escuchó un leve quejido que de inmediato atrajo su atención. Se encaminó hacia el punto y alzó al máximo el hacho de cuaba, procurando mayor iluminación.

Una impresionante tumba enrejada comenzó a configurarse ante sus inquietos ojos. No concebía que encima de la fría losa mortuoria yaciera, profundamente dormido, Juan Miguel. Por eso, internamente se preguntaba: «¿De qué manera el niño caminó, a campo traviesa, sin ser visto, tan dilatada distancia para su corta edad? ¿De qué modo pudo irrumpir en un sepulcro enrejado, si el valladar de barrotes que lo integran —estrechamente ensamblados— impiden el paso a través de ellos? ¿Cómo consiguió entonces treparlos, siendo tan altos, y evitar sus hirientes puntas de lanza? ¿Qué le mantuvo tan tranquilo y relajado en un medio tan tenebroso y desolado?». Su cerebro no hallaba explicación plausible al suceso.

Con titánico esfuerzo, se las ingenió para sacarle del misterioso e inconcebible encierro.

Los gritos de júbilo y de alabanza a Dios propagaron la noticia como pólvora encendida.

—¡Juan Miguel apareció! ¡Lo encontró Danielito en el cementerio! Las antorchas nuevamente se agruparon frente a la casa de los Martínez Sánchez. Los sudorosos y cansados rostros exponían sorpresa y alegría. Cuando el héroe de la jornada narró los pormenores del insólito hallazgo, la gente no concedía crédito al hecho de que el infante durmiera plácidamente sobre una tumba, y que penetrara en ella por su propia cuenta.

Su padre, emocionado, le alzó entre vítores al rescatado y a su rescatador. Por suerte, Juan Miguel lucía intacto, sin el más leve rasguño. Le introdujeron a la vivienda, donde numerosos pares de ojos le contemplaban incrédulos, admirados....

Entre el nutrido grupo de voluntarios asistió un médium, respetado por la comunidad. Este consideró que el evento acaecido tenía un claro origen espiritual, y que era menester averiguarlo con premura, para evitar contratiempos futuros. Solicitó una vela blanca y una copa de agua clara. Seguidamente procedió a pronunciar rezos y oraciones de invocación.

Una parte del público aguardaba afuera, al descampado, los parientes allegados participaron en la ceremonia. Reinaba un ambiente de expectación general. Los rostros, alumbrados por rutilantes faroles y mechones, intercambiaban interrogantes miradas. De pronto, el médium, con voz afectada, vista enfocada al infinito y, en trance, proclamó:

—Aquí se presenta el espíritu de una mujer que se confiesa autora del secuestro de Juan Miguel, con la intención de atraer la atención, porque falleció en el pasado y arrastra una existencia extracorpórea (desencarnada) errante y en pena; por lo que requiere urgente ayuda de nosotros para trascender. Implora, vehementemente, por una misa de elevación, que le saque definitivamente del estancamiento y atraso que la atan a la Tierra, y así alcanzar la paz y el descanso que no tiene.

Entonces ordenó que declarara su nombre, como requisito para otorgar la caridad. Precisada la entidad, a través del mediador, hizo la siguiente revelación:

«Yo soy Callejas. Morí en tinieblas y necesito luz».

Se trasladaron al antiguo cementerio, directamente a la sepultura en que hallaron enjaulado a Juan Miguel. La iluminaron rodeándola con velas blancas. Mientras el espiritista desarrollaba sus plegarias y oraciones, uno de los presentes advirtió la existencia de letras grabadas a bajorrelieve en la losa funeraria, recubiertas por hojarasca, musgos y manchas heterogéneas, comunes en las zonas húmedas y lóbregas. Nervioso y presuroso limpió con sus manos la inscripción. Los concurrentes, apiñados en derredor, se estremecieron cuando leyeron, azorados, el apellido "Callejas".

Confirmaron, con sus propios ojos, la veracidad de lo postulado por el médium: que el contacto con la entidad etérea femenina resultó real, indubitable, contundente prueba testimonial de la interacción entre espíritus y encarnados en el mundo físico. En ocasiones, las ánimas que nos rodean acuden en nuestro auxilio, valiéndose de sutiles o palmarios procedimientos y mensajes; otras veces son ellas las que solicitan favores, por lo general destinados a solucionar problemas de sus vidas pasadas que quedaron pendientes –o inconclusos– en un incesante intercambio que se remonta a los albores de la humanidad.

Concluida la misa espiritual, la desesperada entidad ascendió a la luz, según afirmó satisfecho el médium. Vale decir que jamás se suscitó algo similar en la playa de Camaroncito.

Al viejo y solitario cementerio lo devoró la tierra. Desapareció completamente, consecuencia de las corrientes de agua y arrastres aluvionales provenientes de las torrenteras y del desborde del río local, que afectaron el punto durante el azote del ciclón Flora, en 1963.

Como colofón apuntaremos un dato curioso: el sombrero que Juanito Martínez encasquetó en la cabecita de Juan Miguel la tarde del memorable suceso jamás fue recuperado.

¡Aquí se sentaban los indios!

Cuando en 1993 el ingeniero Noel Castillo reportó el hallazgo de un residuario aborigen con restos óseos humanos, laborábamos en la Sección de Arqueología del Instituto de Biodiversidad y Ecosistemas de la Academia de Ciencias de Cuba. El sitio en cuestión se localizó en un terreno ligeramente ondulado, que lleva por nombre "La Luz", próximo a un arroyo, en el término municipal de Songo-La Maya, provincia de Santiago de Cuba.

Ante el interés científico del descubrimiento, partimos de expedición para iniciar in situ una labor de campo, para recabar la más completa información posible. Establecimos campamento en un viejo albergue y organizamos las pesquisas indagatorias. Planeamos desplegar un rastreo previo exploratorio del residuario y áreas adyacentes, así como entrevistar a lugareños, a fin de acopiar los mayores elementos de juicio en torno al yacimiento en cuestión.

Una tarde, tocamos en la vivienda de un señor cuya visita sugirieron, ya que se trataba del poblador más antiguo de la comarca. Nos recibió amablemente, invitándonos a un sabroso café criollo. Sobrepasaba los ochenta y cinco años de edad, aunque montaba a caballo y se conservaba muy bien. Se expresaba pausadamente, pero con coherencia. Era nativo de la región y atesoraba interesantes experiencias.

El anfitrión –que deseó permanecer en el anonimato– contó que en las inmediaciones del área arqueológica se hallaba una casa–cuyas ruinas verificamos visualmente– edificada en el primer tercio del siglo XX. Allí vivió una señora que enviudó y quedó a cargo de sus hijos. La conoció personalmente y la describe como una mujer valiente, trabajadora y honrada, que ganaba el sustento trabajando en el campo de sol a sol.

En su hogar comenzaron a producirse eventos extranormales aterradores, que cambiarían radicalmente su vida. Por las noches, ya acostada, tumbaban los cacharros de cocina, arrastraban muebles, abrían puertas y ventanas, golpeaban la mesa y le descorrían la cortina de su cuarto, causándole pavor. En más de una oportunidad, captó los fantasmas de una pareja de indios. El varón, de unos treinta y cinco años; la hembra, de entre doce y dieciséis, aproximadamente. Andaban juntos y se materializaban completamente, desintegrándose a voluntad.

Hicieron tan insoportable la existencia a la desdichada mujer, que enfermó de los nervios; su salud desmejoró, a golpe de sustos. Un día, desesperada e impotente de solucionar el problema, optó por sacar a sus críos de aquel infierno, enviándolos a otra localidad. Permaneció sola, dispuesta a defender con denuedo la propiedad por la que se sacrificó tanto.

Las agresiones de los espíritus aumentaron ostensiblemente, era un verdadero calvario. Finalmente, abandonó su casa y sus tierras presionada por los familiares. Jamás retornaría, pues la muerte le sorprendió poco después.

El caballero reveló su faceta de clarividente al sostener que, con frecuencia, visualizaba a la perturbadora pareja de aborígenes sentada a la vera del camino, en los linderos de la arruinada vivienda, cuando transitaba por la rudimentaria vía de comunicación. Se materializaban invariablemente en el mismo punto, como queriendo transmitir o remarcar algo...

Preguntamos al octogenario si se atrevía a señalar con exactitud el sitio de aparición de las ánimas. Respondió afirmativamente, con la mayor seguridad. Convenimos entonces reunirnos al siguiente día en el área a eso de las ocho de la mañana. Arribó puntualmente, desmontó del caballo y se ubicó física y mentalmente en el espacio. Hincó una estaca suministrada en un punto del promontorio, pegado al talud del camino, donde el arqueólogo aficionado colectó los huesos humanos femeninos que motivaron la investigación, aspecto que él desconocía absolutamente.

—¡Aquí se sentaban los indios! —exclamó.

—¿Está usted seguro, señor? —indagamos mirándole fijamente.

—Completamente —afirmó.

Agradecimos su colaboración y nos despedimos del agradable personaje que, encima de su corcel, se marchó por el camino rumbo a su morada.

Los compañeros de labor se rieron de la determinación de iniciar las excavaciones donde dejó encajada la estaca. Uno de ellos expresó con sorna que no aceptaba creer que concediéramos credibilidad a lo narrado por un viejo cuentista, ignorante y fanático. No obstante, acataron la decisión.

Trazamos una cala de 2x2 m. dividida en secciones de 1x1 m. Excavamos por niveles convencionales de diez centímetros de espesor, acopiándose en bolsas plásticas las evidencias significativas; las observaciones e incidencias se anotaron en la libreta de campo.

Las primeras capas reportaron huellas inequívocas de alteración antropogénica total, producto del uso frecuente del arado y del desbroce del camino carretero de la localidad. Afloró un variado material arqueológico, conformado por abundantes residuos de comida (huesos de jutía, de tortugas fluviales, vértebras de pescado y pinzas de cangrejos, principalmente), fragmentos de una cerámica vestigial, simple, utilitaria (con pobre decoración) espesa ceniza y trocitos de carbón vegetal, que delataron la presencia de una gran área de fogones en el basural. A medida en que profundizábamos, la matriz arcillosa exhibía menores síntomas de revoltura y superior concentración en remanentes del pretérito quehacer humano.

La concurrencia de ceniza y de carbón denotó intensa actividad combustiva, seguramente destinada a procesar alimentos, cocer su incipiente alfarería y calentarse en las noches invernales, entre otras aplicaciones. Era suave y poco compactada la matriz receptora. Súbitamente, dentro de un nivel inalterado, afloraron restos humanos: un cráneo y ciertos huesos largos, acomodados en forma de paquete funerario. Según el análisis osteométrico preliminar, tratábase de un individuo de sexo femenino, de una edad estimada entre doce y dieciséis años. Constituía lo que ha sido llamado "entierro secundario"; es decir, que los huesos correspondían a una persona fallecida con anterioridad e inhumada en los suelos ocupados por la comunidad. Luego, al emigrar hacia otros lares, exhumaban los despojos de sus seres queridos para no abandonarlos, recopilando selectivamente los componentes esqueletales más conspicuos (el cráneo y los huesos largos) para amarrarlos a modo de paquete y depositarlos, probablemente, dentro de una cesta de fibras vegetales que acarreaban hasta el nuevo asentamiento. Allí lo enterraban otra vez (las más de las veces dentro de sus elementales viviendas o en el propio basurero adyacente, aprovechando la escasa compactación del suelo). Por haberse soterrado anteriormente es que recibe el nombre de "entierro secundario". Se registró cuidadosamente en el plano de planta de la excavación, a través del sistema de coordenadas cartesianas.

Habíamos rescatado, científicamente, testimonios esqueletales pertenecientes a una joven aborigen, en el lugar exacto indicado por el anciano vidente. Impresionante "coincidencia". Colectamos un importante y variado material arqueológico en el área cúbica removida. Profundizamos el corte hasta que eclosionaron guijarros en profusión, desprovistos de remanentes antropogénicos. Nivelamos rigurosamente el piso de la cala, anotándose los datos e inferencias particulares.

No hallamos al individuo de sexo masculino denunciado por el clarividente. Personalmente nos sentíamos inconformes, molestos; algo nos golpeaba en la mente repetitivamente, que prosiguiéramos la búsqueda, que la misión no finiquitaba aún. Entonces tomamos una drástica e imprevista resolución: continuar cavando el firme rocoso estéril. Los miembros del equipo protestaron la decisión, que verdaderamente iba contra toda lógica. Empacaban ya, proyectando el viaje a Santiago, al dar por concluida esa etapa de investigación de campo en "La Luz". La oposición acrecentaba por segundos, en tanto movíamos silenciosamente, en solitario, las piedras que congregaban una capa en el fondo de la trinchera.

De repente apareció un hueso, luego otro. Nuestras manos temblaban, los ojos no aceptaban lo que se revelaba: el entierro primario de un esqueleto en posición fetal (decúbito supino).

—¡Vengan a ver esto! —exclamamos reventados de euforia.

Los colegas se acercaron dubitativos, escépticos, al borde de la profunda cala. Desde abajo observábamos la transformación que experimentaban los rostros que se asomaban. Imposible ocultar el asombro. Gritos e interjecciones de júbilo rompieron el silencio. Según los forenses, el Dr. Antonio Cobo y un asistente, determinaron que respondía a un individuo de sexo masculino, de entre treinta y treinticinco años. Exponía fracturas múltiples y los efectos de un proceso infeccioso (séptico) bucal, de severas proporciones y secuelas. En opinión de dichos expertos, quizás murió a consecuencia de fracturas conminutas, sufridas durante una caída a gran altura. Otra posibilidad apunta a un deceso a resultas de la expansión de una infección fatal (Cobo Abreu, comunicación personal, 1992).

Ambos cráneos rescatados (el femenino y el masculino) carecían de la deformación artificial de tipo fronto-occipital-tabular-oblícua, distintiva de la cultura agroalfarera arawuaca (para Cuba Taína o Subtaína). Este dato etnológico neto, sumado a la ausencia de burenes (indicador del cultivo de la yuca amarga y de la fabricación del casabe) nos induce a desligar a este poblador de la tradición cultural antes mencionada, y que le ubiquemos, provisionalmente, en lo que ha sido denominada cultura protoagrícola (grupos transicionales, con cerámica utilitaria, tal vez practicantes de cierto tipo de agricultura inferior, o diferente, a la de la yuca amarga Maniot utilissima).

Pero al margen de las disquisiciones teóricas etnohistóricas, que se desmarcan diametralmente del objetivo de este trabajo, una cosa parece quedar bien nítida: el anciano vidente tenía razón. No erró al señalar el punto exacto donde avistaba sentada a la pareja de entidades etéreas. Tampoco falló al revelar su composición y las edades de las mismas. La abrumadora suma de aciertos en este desconcertante caso, nos impulsan a desechar el empleo del término "coincidencia"– harto fácil, manido e impreciso– para calificar satisfactoriamente la magnitud de un acontecimiento que, a nuestro humilde entender, rebasa el limitado alcance del convencional vocablo.

Esta vez, la evidencia arqueológica corroboraba la pretérita existencia terrenal de las almas que deambulaban en pena, en la aislada zona. Al parecer, necesitaban que fueran exhumados sus restos para lograr ascender hacia la luz y conseguir la paz y el reposo espiritual. Quizás esto explique su empecinada actitud en atraer la atención de clarividentes e historiadores a investigar la olvidada zona de "La Luz".

Era menester la unión de voluntades de un anciano clarividente y de un arqueólogo creyente, para concretar, exitosamente, ese propósito.

¡Bendita la feliz "coincidencia"! Sin duda, una prueba más de la interacción entre espíritus y encarnados aquí, en la Tierra.

El misterio del "Furor"

Aquella tarde gris nuestro hermano decidió no pescar submarino. Seguramente, el próximo día, en la mañana, la mar estaría en calma y el fulgor del sol propiciaría mayor visibilidad en las aguas de la playa Rancho Cruz (enclavada a unos dieciséis kilómetros al oeste de Santiago de Cuba) donde se hallaba acampado con su familia, disfrutando de las vacaciones de verano.

La agradable charla se interrumpió súbitamente por la irrupción en el escenario de un joven de la raza blanca que, sosteniendo un equipo de caza submarina (a pulmón) se encaminó hacia Gabriel preguntando:

—¿Vas a pescar hoy?

Él miró sorprendido al desconocido y respondió: —No, es un poco tarde; hay cierta marejada y pobre iluminación.

El individuo insistió:

—Vamos a tirarnos, quizás localicemos agua clara y consigamos ver algo —después de una pausa añadió—: No soy de aquí, estoy de paso en las lomas y quisiera que me acompañaras en el propósito.

—Está bien —contestó Gabriel, sin mucho entusiasmo.

A Miriam no le agradaba la idea de que se lanzara al mar con un desconocido y así se lo manifestó; no obstante, ambos se adentraron en el inmenso azul, alejándose rápidamente de la orilla.

Pronto llamó su atención que el forastero no variaba la dirección de desplazamiento hacia el sur, por lo que se interrogaba internamente: «¿quién será este individuo? ¿Cuán hondo pretende pescar?». Entonces el sujeto ejecutó una inmersión magistral en las turbias aguas, superior a los sesenta pies bajo la superficie y se mantuvo ahí por buen tiempo, escrutando el lecho oceánico, como orientándose...

«¡Que bárbaro, es un campeón!». Admiró en silencio. «Pero ¿adónde me piensa guiar?». En eso dejó de verle. Asomó incluso la cabeza fuera del agua para intentar avistarle, sin éxito. Flotaba tan distante de la línea del litoral que ya no divisaba el fondo.

Previa reflexión optó por aproximarse a la costa, poniendo rumbo norte. Transcurridos unos minutos, comenzó a configurarse una brumosa silueta ante sus ojos. Nadaba directamente al centro de dos enormes promontorios que se erguían como colosos desafiantes. No concebía creer lo que yacía entre ambas moles coralígenas: ¡los restos de un barco de hierro a unos cien pies de profundidad! Esforzaba al máximo la mirada, intentando captar mejor la difusa e inusitada imagen que cada vez visualizaba más claramente.

Descendió unos metros para reducir la distancia con la misteriosa estructura que se perfilaba, constatando que se trataba de un navío de casco metálico. Inmersiones sucesivas revelaron la casi desaparición de la superestructura; sólo restaba una incompleta cabina, a guisa de puesto de mando, y.... ¡Oh, sorpresa!: un pequeño cañón, también a proa, hallazgo que evidenciaba el carácter bélico del mismo. Pero, ¿qué barco era aquel? Por sus dimensiones resultaba mayor que una cañonera y, a su vez, inferior a un crucero. Entonces el corazón le dio un vuelco: ¡había hallado al "Furor"!

El cazatorpederos "Furor" perteneció a la escuadra española del almirante Cervera, destrozada por la flota norteamericana del almirante Sampson, en la memorable batalla naval de Santiago de Cuba, acaecida el tres de julio de 1898. Fue el único echado a pique en aguas profundas, las restantes unidades de la armada española –acribilladas y convertidas en hogueras flotantes– culminaron embarrancadas por sus propios comandantes para impedir que cayesen en manos enemigas. Así sucumbieron el cazatorpederos "Plutón" (entre las radas de Rancho Cruz y Boicabón), los cruceros acorazados "Infanta María Teresa" (en la playa de Nima-Nima), el "Almirante Oquendo" (en la playa de Juan González); el "Vizcaya" (frente a la ensenada de "El Aserradero") y el "Cristóbal Colón" (cerca del pico Turquino, en la desembocadura del río La Mula).

El "Furor" (de 380 toneladas) reventó producto de impactos letales de proyectiles de acorazados, cruceros y buques auxiliares de la superior flota estadounidense. Entre las numerosas víctimas (un tercio de la tripulación), estaba el comandante de escuadrilla, Capitán de navío don Fernando de Villamil, diseñador de estos ligeros buques de escolta (Lámina V).

Al explotar y convertirse en un pecio lejos de la orilla, en aguas profundas, no fue localizado, a pesar del esfuerzo realizado en diversas ocasiones. Desde el día de su destrucción hasta aquella tarde plomiza de 1992, su paradero era una incógnita por resolver. Incluso el Departamento de Arqueología Subacuática de la Academia de Ciencias de Santiago de Cuba, emprendió varias expediciones de infructuosa búsqueda.

Gabriel conocía la tremenda trascendencia de su hallazgo, por lo que, henchido de emoción y alegría, nadó a la playa. Para su impensada sorpresa, se topó con que ya el enigmático individuo estaba, como estatua enhiesta, esperándole en la arena.

—No vi nada —comentó escuetamente—. Me voy para arriba... a las lomas.

—Cuando quieras pescar puedes venir, permaneceremos aquí un mes —expresó nuestro hermano.

—Bien, lo tendré en cuenta —afirmó alejándose. Nunca más le vio.

Al atardecer, Gabriel, desconcertado, se preguntaba: «¿Quién era aquel incógnito personaje? ¿Qué hado le impelió al punto a buscarme? ¿Por qué me escogió para ser esotéricamente enrumbado en la dirección precisa de los restos del "Furor," convirtiéndome, por consiguiente, en su descubridor?».

Es menester destacar que sin aquella mágica conjunción de elementos, hubiera proseguido perdido para el mundo el "Furor", sabe Dios por cuánto tiempo.

El esotérico individuo concurrió como por encanto, como un enviado, acaso para cumplimentar, valiéndose de Gabriel, una misión celestial en la Tierra: arrancarle al océano un secreto celosamente guardado; tal vez para que las desdichadas almas, cautivas en aquel sarcófago colectivo, salieran a la luz ascendiendo por fin al cielo, dejando atrás el oscuro aislamiento en el que permanecieron estancadas por casi un siglo.

El sensacional hallazgo de Gabriel fue verbalmente comentado por el autor de estas líneas a René Díaz, entusiasta submarinista que por esos tiempos controlaba el censo de naufragios (pecios) y otros testigos arqueológicos de Santiago de Cuba. Éste, a su vez, lo informó a Iván Pérez, Director del Departamento de Arqueología Subacuática de esa ciudad, el cual entrevistó personalmente al descubridor, en la Universidad de Oriente, donde ocupaba la cátedra de Fotografía. Allí, el profesor Gabriel Navarrete Pujol reveló los detalles exactos de su sorprendente localización del "Furor".

El capitán recupera su lápida

Osvaldo Martínez (hermano de Mariblanca) y su esposa Odalys compraron una casa en Pensacola, en la calle Olsen. La propiedad, cómoda y espaciosa, requería de arreglos que pronto acometieron. Para ello contrataron a Román, que a la sazón poseía un negocio de instalación de losas.

Llamó poderosamente la atención que los ocupantes anteriores debieron abandonarla precipitadamente, según sugieren las ollas con alimentos descompuestos dejadas sobre la meseta de la cocina, y de leche, jugos, cereales y otros productos igualmente arruinados dentro del atestado refrigerador. Los aposentos contenían muebles, ropa y efectos personales. En el baño, muchos artículos de aseo sin estrenar. Anthony, el realtor que consiguió la vivienda, nunca conoció la razón de aquel éxodo acelerado. Un fétido olor embargaba el ambiente.

Desde su adquisición se percataron de la existencia de una losa sepulcral en el patio lateral, por ello reclamaron a Anthony por no informarles sobre el asunto a la hora de firmar el contrato de compra. En la lápida se leía claramente inscrito el nombre del fallecido: Capitán del Ejército Confederado Francis B. Touart, C.A. 1 Reg. FL. Vol.Inf. Confederate States Army Aug. 21, 1837 Jul. 7, 1909 (Lámina VI).

Motivados por el inusual descubrimiento, visitamos la casa para inspeccionar la aludida pieza funeraria. Averiguamos que ésta no reposaba sobre una tumba o sepulcro. Pero para mayor sorpresa, Román localizó un fragmento de otra lápida, posiblemente más antigua, de mármol, con restos de la inscripción que ostentaba (Lámina VI).

Entre tanto, recubrían el piso original con losas. Auxiliaban a Román en el proyecto el señor Roberto Marrero, padre de Odalys y su sobrino Alex. En varias ocasiones, en medio de su labor, Román escuchó los pasos marcados de una persona que se aproximaba a sus espaldas. Luego, le hablaba, pensando que era uno de sus asistentes; pero al mirar atrás encontraba el recinto vacío.

Marrero, que presume de no creer en el "más allá", comentó que en la vivienda se percibían muchos ruidos inexplicables, sobre todo en la cocina, donde de noche manipulan trastos y enseres. Reveló que en reiteradas oportunidades le despertaba una voz, llamándole en español por su nombre: «¡Roberto, Roberto Marrero!». No comprendía como alguien al que no veía, al que no conocía en esa ciudad, le voceara su nombre. Una mañana de intensa labor recibió, en presencia de Román y de Alex, el impacto de una escoba que surcó el pasillo y le asestó en el pecho. Ante la insólita agresión, expresó nervioso:

—¡Cuidado, no se metan conmigo; yo tengo una *forty five* que no cree en nadie! Los tres quedaron boquiabiertos con el ataque de la "escoba voladora". Otro día, Marrero se calzaba sus zapatos en el salón principal, adyacente a la cocina, y avistó salir de uno de los aposentos una pelotica olvidada por los anteriores dueños, la cual hizo un giro perfecto de noventa grados para recorrer entonces el angosto pasillo, recto hasta sus pies, donde se detuvo en seco. Azorado,se encaminó a la habitación, sospechando que el sobrino le jugaba una broma, pero ésta se hallaba desolada.

Alex vivió otras experiencias. Una noche le halaron con fuerza una pierna. Encendió la lámpara asustado y no había nadie a su alrededor. En cierta ocasión, observó en el patio una sombra de silueta humana, atravesar el cercado de la propiedad. Sintió escalofríos y se metió en la casa.

Con bastante frecuencia se escuchaban los torpes pasos nocturnos (sobre todo en la cocina y sus inmediaciones) de una persona que cojeaba y caminaba con dificultad. A veces se captaba un suave e ininteligible murmullo (psicofonías) en el área de cocción de alimentos.

Una tarde en que Mariblanca los visitó, tuvo una vivencia inolvidable. Leía unos documentos en el desayunador, frente al patio, cuando de repente, advirtió una figura humanoide, color blanco lechoso, sin ropa ni rasgos físicos (periespíritu) que avanzaba rumbo al inmueble. Penetró a través de la pared de ladrillos y alcanzó el interior del cuarto de Alex, donde se desintegró. Quedó paralizada ante una aparición tan clara y sostenida y de cómo el fantasma traspasó la mampostería como si ésta no existiera.

Por otra parte, Osvaldo y Odalys se quejaban alarmados de la incursión nocturna reiterada de un "duende" (al decir de ellos) que tumbaba cosas en la habitación. Rápidamente se levantaban, encendían la luz, y nada.

Una mañana Román platicaba con Paula, la madre de Odalys, que acababa de colocar una olla en la meseta de la cocina; sorpresivamente, esta inició a girar sobre su eje a altas revoluciones. En eso, paró de golpe, como detenida por una mano invisible...

Mientras se incrementaban las actividades paranormales, Anthony conseguía información valiosa sobre la misteriosa lápida. Acudió a la sede de la Hermandad del Sur, asociación integrada por historiadores y descendientes de los combatientes confederados en la terrible Guerra Civil. Resulta que el señor Francis B. Touart perteneció a la Compañía A del Regimiento 1 de Voluntarios de Infantería de La Florida, alcanzando el rango de Capitán Abanderado. Recibió heridas en acción, cuyas secuelas dificultaban su andar. Se destacó por su valor y arrojo en la cruenta contienda.

Averiguó que en esa casa residió hace muchos años un hijo del capitán Touart, el cual decidió reemplazar la losa funeraria rota que existía en la tumba de su padre, en el antiguo cementerio de San Miguel, en la ciudad de Pensacola. Ordenó fabricar una nueva, pero nunca la situó en la sepultura de su progenitor. Al fallecer, la pieza fue sacada y arrojada al patio. El capitán aguardaba por su losa mortuoria identificadora, como un desconocido, sin nombre ni historia. Anthony la condujo a la oficina de la Hermandad del Sur, quienes, finalmente, la colocaron en su punto de destino.

Una vez que reposó sobre la sepultura del abnegado mílite, cesaron los reportes de incidentes paranormales en la vivienda. Esta interesante "coincidencia" nos induce a señalar al inquieto espíritu del capitán como el causante principal de los fenómenos extranormales captados en la casa de Olsen, acaso en un desesperado intento por llamar la atención de los ocupantes sobre la presencia de su lápida, y conseguir su traslado al postergado lugar de destino. De ser así, ¡cuánto habrá sufrido esa alma para, después de tantos sacrificios, laceraciones, decepciones y fracasos en su pasada existencia material, no disponer siquiera de un nombre, de una reseña biográfica en su sitio de reposo! Pensamos que, a la postre, gracias a su astucia y empecinada constancia, logró el objetivo propuesto.

¡Ya puede usted descansar en paz, capitán Touart!

VIII.- Posesiones

Se define como posesión cuando un espíritu invade el cuerpo de un encarnado y hace uso de él con distintos designios. Como dice Allan Kardec en su citada obra:

"El espíritu en posesión momentánea del cuerpo, se sirve de él como si fuera suyo. Habla por su boca, ve por sus ojos y actúa con sus brazos, como lo hubiera hecho si estuviese vivo". (Op. Cit. pg. 318). Más adelante aclara:
"La posesión, en cambio, puede ser ocasionada por un buen espíritu que desea comunicarse, por lo cual y para impresionar más vivamente a su auditorio, pide prestado el cuerpo de un encarnado, que éste le concede voluntariamente, como si le prestase un traje. En este caso el intercambio se lleva a cabo sin molestias ni malestares y, durante ese tiempo, el espíritu del encarnado se encuentra en libertad como en el estado de emancipación, manteniéndose generalmente a un costado de su reemplazante a los efectos de escucharlo". (op. Cit. Pg.318).

Si el inquilino toma a la fuerza la materia, sin el consentimiento de su dueño temporal, generalmente sus propósitos son malignos y perjudiciales a la salud del individuo y es menester emprender un complicado, intenso y peligroso exorcismo, para desalojar a la entidad posesora, no siempre con resultados satisfactorios. Veamos ahora algunos casos de posesión, de diversos niveles de intensidad de afectación.

Abuelo Gabriel suelta "el bulto" en el barranco

Principiaba la década de los años treinta y la familia recién se instalaba en un antiguo caserón, con extenso terreno, en la parte rural de la ciudad de Palma Soriano, perteneciente a la actual provincia de Santiago de Cuba.

Los primeros días fueron muy laboriosos desempacando y poniendo las cosas en su lugar. Gabriel, el cabeza de familia, trabajaba en un central azucarero como tenedor de libros; Carmen, su cónyuge, en una escuela como maestra de Inglés. El resto de la grey lo conformaban cuatro hijos, dos hembras y el resto varones, todos menores de doce años de edad.

Cada noche, a la hora de la cena, daban gracias a Dios por los dones recibidos y comentaban las actividades del día. En una comida, Gabriel manifestó malestar, comenzó a temblar; se tornó pálido el semblante y sus ojos, semicerrados y perdidos hacia lo infinito, lucían desconectados de la realidad circundante.

—¡Gabriel, Gabriel! ¿qué te pasa? —preguntaba insistentemente Carmen, sin respuesta.

Los niños asombrados contemplaban cómo el padre se incorporaba con dificultad y, echándose ambos brazos a la espalda, apretaba firmemente los puños, como aferrados a un pesado fardo. Caminaba lerdo, lento, rumbo a la puerta posterior de la vivienda, la cual abría, asiendo fuertemente al invisible bulto sobre el lomo. Recorría así decenas de metros del terreno hasta arribar a un precipicio, cuya caída finiquitaba en el –por entonces– caudaloso río Cauto. Allí, con gran esfuerzo, "arrojaba" la "carga" al vacío, y, repentinamente, volvía en sí desorientado y preguntando:

—¿Qué ocurrió? ¿Qué hago aquí?

Rodeado por su familia retornaba a la normalidad, sin recordar nada de lo acontecido.

Este fenómeno de posesión leve se repitió casi cotidianamente y lo describieron asombrosamente igual, todos los testigos presenciales. Una vez que cambiaron de domicilio dejó de efectuarse el mismo.

En el caso expuesto, la posesión resultó inocua, porque la persona no sufrió afecciones en su salud. Analicemos ahora otro suceso, totalmente diferente:

"Villa Rana"

Papá bautizó el lugar con este curioso nombre, debido a la abundancia de batracios, que interpretaban una ruidosa sinfonía cada vez que llovía. Ubicado muy próximo al tercer crucero del ferrocarril, se situaba a escasos metros del "camino de hierro".

La vida discurría normalmente hasta que mamá enfermó de una forma rara. Nunca había padecido de asma ni de insuficiencia respiratoria, le sobrevinieron unos ahogos nocturnos, como si se tratara de un proceso asmático, con fuerte tos, lo que provocaba, además del malestar, el insomnio. Perdía peso corporal, su rostro palideció inquietantemente y su excelente apetito tradicional mermó ostensiblemente. La llegada de la noche se convertía en un calvario, pues iniciaba entonces, la inhalación de un oxígeno que no cubría sus necesidades fisiológicas. Con la puesta del sol, las horas sucesivas parecían interminables y el astro rey volvía a brillar matinalmente, sorprendiéndola en vela, casi asfixiada, en un balance.

Alarmado, papá la condujo al médico, pero los análisis de laboratorio y chequeos no arrojaron problemas de salud. El galeno se hallaba impedido de extender un diagnóstico al no contar con elementos para ello: los pulmones descongestionados, no advertía síntomas de asma, catarro, infección o enfisema. En una palabra, se mostraba totalmente sana. Sin embargo, desfilaba el tiempo y empeoraba su condición. La pérdida de biomasa la hacían virtualmente irreconocible.

Una tarde, a la puesta del sol, abrió la puerta trasera de la casa, que daba a la falda de una loma, y contempló algo espeluznante. Una figura humana, de estatura alta, delgada y cubierta la cabeza con algo así como una manta, se erguía en el patiecito. El contorno era de mujer. Una vez que con estupor fijó en ella la mirada, el espectro empezó a achicarse rápidamente, a tal punto que se esfumó a ras de tierra. Entró corriendo aterrada y cerró la puerta, con el corazón sobregirado en palpitaciones. Transcurrieron semanas sin que se atreviera incursionar en el exterior.

Un día asistió al banco donde trabajaba José Ángel, tío de papá, quien alarmado le preguntó:

—¿Qué pasa, Dorita? No te reconozco.

Ella contó el supuesto proceso asmático, las malas noches, la inapetencia. José Ángel frunció el ceño y, tras meditar unos segundos, dijo:

—¿Por qué no cambias de casa?

—¿Tú crees, tío?—Mira, Dorita, en ese sitio vivió una trabajadora nuestra. Le pagamos las últimas semanas de vida sin laborar, hasta su muerte.

—¿Y dónde falleció? —interrogó Dorita con inocultable interés.

—Precisamente donde tú habitas, los ataques de asma provocaron su deceso.

—¿Murió de asma?—Sí, por ello le falló el corazón.

Impresionada con la información recibida y con marcado temor en el rostro, preguntó:

—¿Cómo era ella físicamente?—Alta, delgada y le gustaba taparse la cabeza con una especie de estola o mantilla.

Sobra convenir que para mamá resultaba suficiente. Presionó a papá para mudarse a otro domicilio y así lo efectuaron en breve. Con el cambio de vivienda desapareció para siempre el "asma", se acabaron las malas noches, se abrió el apetito y retornó la tranquilidad; el cuerpo recuperó su peso y el semblante radió otra vez, con su rosado color natural: Dorita había vuelto a ser quien era. Parece obvio que el espíritu de la empleada bancaria poseyó el cuerpo de Dorita, transfiriéndole el mal. A no ser por la oportuna sugerencia del tío, probablemente la historia hubiera concluido de manera diferente, muy adversa para ella.

Una noche en la casa de Caletón Blanco

Aquella noche los viejos se acostaron temprano, después de ingerir la frugal cena. Dormían profundamente cuando mamá recibió un fuerte y escalofriante soplido sobre su cabeza que, junto a una sacudida de su cama, la despertó sobresaltada. Abrió los ojos y ante ellos comparecían unas rejas con barrotes verticales, que, por supuesto, en realidad no existían. Extendió su mano derecha e intentó tocarlos, pero sólo atrapó el inmaterial vacío. De pronto, el rejado se ofrecía ante ella horizontalmente. Repitió la misma operación, infructuosamente. Desesperada llamó a viva voz a papá:

—¡Gabrielito, Gabrielito, ven acá!

—¿Qué pasa, Dory?

—¡Está desarrollándose un fenómeno muy extraño! —aseveró.

Acto continuo, papá comenzó a temblar; no lograba articular palabras, únicamente sonidos ininteligibles. Trató de incorporarse sin éxito, se hallaba paralizado. Mamá, percatándose de la situación anómala, persistió llamándole, pero éste, contraído, poseído por una energía invisible, emitía gruñidos y su actitud se tornaba alarmante.

Impedidos de levantarse de sus lechos, de moverse por unos minutos, avasallados por un poder desconocido, a la postre fue mamá la que, por su inquebrantable fe, rompió el encanto poniéndose de pie y accionando el interruptor de la luz. Se dirigió presurosa a la sala, en cuya camita yacía papá, trémulo y sudando copiosamente. El reiterado clamor de su esposa le hizo reaccionar.

—Dory, ¿qué ocurrió? —indagó atolondrado.

—Algo sumamente esotérico —afirmó mamá, agregando—: ¿Estás bien, Gabrielito?

—Sí, Dory, ahora es que puedo ver.

—¡Gracias a Dios! —exclamó mamá respirando profundo.

Parece que aquella noche la casa resultó inesperadamente invadida por energías negativas, que dominaron, transitoriamente, la voluntad y la conducta de sus moradores.

El espíritu posesor de papá se revela

La casa de Caletón Blanco se tornó insegura, la saquearon dos veces en ausencia de los viejos, por lo que los mudamos para Santiago, al apartamento de la calle de Aguilera.

Un mediodía, papá dormía profundamente la siesta; mamá reposaba despierta en otra camita adyacente. Impensadamente, se convirtió en testigo excepcional de un hecho inaudito: del seno de papá, acaso de lo más profundo de su ser, brotó un ente aterrador.

Se trataba de un hombrecillo negro, de muy baja estatura, contrahecho, encorvado, de ojos saltones, toscas facciones y rostro simiesco, repleto de arrugas. A su lado, observaba al anciano morbosamente satisfecho, como saboreando maliciosamente una destructiva labor cumplida. Tan inusitadamente como eclosionó, se sumergió de nuevo en la naturaleza humana del viejo, ante los azorados ojos de mamá.

Nunca más se repitió la tenebrosa y repulsiva aparición, reveladora de que nuestro progenitor se hallaba realmente poseído por un huésped espiritual perverso, de bajo astral, que lo convertía en víctima de sus designios, haciéndole acarrear una existencia atormentada hasta sus postreros días.

En ciertos casos, la posesión ha sido tan fuerte y persistente que ha tenido que intervenir la Iglesia Católica a través de sacerdotes especializados en la expulsión de entidades demoníacas, como se refleja, entre otras, en famosas películas como El Exorcista.

IX.- Agresiones de entidades arraigadas

Se producen cuando los espíritus residentes en un sitio manifiestan su rechazo a los encarnados que se presentan, repudio que suele exponer distintos matices o niveles de intensidad, que van desde protestas moderadas, como lanzamiento o golpeo de objetos, tirar puertas o ventanas, soplar en la nuca de los indeseados, hasta incluso la agresión corporal mediante empujones, jalones, bofetadas, manotazos y zarpazos, cuando se trata de entidades demoníacas.

Generalmente se encuentran apoderados de casas o edificios abandonados, en cementerios y en bosques apartados y poco frecuentados. Cuesta mucho desalojarlos y casi siempre es imperativo desarrollar un complicado proceso de limpieza espiritual el cual no siempre garantiza la expulsión y erradicación definitiva de dichas energías. En muchos de los casos, se logra un desalojo temporal. Veamos algunos casos de la vida real:

El duende de la casa de Aguilera

Esperábamos al primer hijo. Vivíamos bien apretados en el cuarto de la vecindad de la calle de Aguilera, una de las más céntricas de Santiago de Cuba. Como el exiguo espacio se hacía insuficiente e inadecuado ante el advenimiento de la criatura, abogamos por el cambio a otro más amplio de los disponibles en la cuartería. Tras toda una serie de gestiones y contrapunteos –pues el apartamento a que aspirábamos lo solicitaba también otra persona necesitada– lo adquirimos.

Cuando ésta se enteró del veredicto se enfadó tremendamente y declaró en público que nos pesaría amargamente, que efectuaría brujería para desalojarnos de allí. Era aterrador cruzar delante de su vivienda y observar los rituales de magia negra que ejecutaba.

No disfrutábamos de la nueva morada. Mariblanca, con el vientre en crecimiento, comenzó a experimentar una recurrente visión extranormal. Apenas principiaba a dormirse, se aparecía un hombrecito (de casi un metro de altitud) harapiento (vestía una camisa rota, sin mangas) aspecto burlesco –como payaso–, que avanzaba desde el patio central de la vecindad hasta su apartamento. Si el fenómeno se generaba al instante preciso de quedarse dormida, el despreciable duende se le arrojaba encima ocluyéndole, con sus chicas manos, los orificios respiratorios, sofocándola, lo mismo de día que de noche. Cundida de pánico, emitía gritos y gemidos, como quien está perdiendo la vida desesperadamente. Al desembarazarse de la somnolencia, el agresor huía precipitadamente; si se mantenía alerta y consciente, la entidad se detenía y no la atacaba. Más de una vez el evento tuvo lugar en nuestra presencia.

Nunca le vimos, pero las angustiosas exclamaciones de la acosada mujer delataban su concurrencia. Mariblanca sospechaba del vecino santero que proclamó se vengaría por el asunto de la casa. Por aquellos años teníamos una amable compañera de trabajo llamada Luisa, que era clarividente y santera. Enterada de la situación fue a vernos. Echó una mirada alrededor y preguntó a Mariblanca:

—¿Tienes algún enemigo activo?

A lo que respondió:

—No que yo sepa, a no ser ahora la persona que pretendía este lugar.

Seguidamente la psíquica argumentó:

—Te lo pregunto porque siento la casa muy pesada y capto la intervención de una fuerza maligna.

Expresó la necesidad de un urgente aseo espiritual para contrarrestarla. Encendió una vela blanca y un puro virgen, solicitó un poco de aguardiente de caña y los esparció (el humo y la bebida espirituosa) por las paredes interiores juntamente con oraciones y cánticos ininteligibles. Tomó un coco seco y lo rodó por todo el piso de la casa, en lo que pronunciaba las invocaciones. Al llegar a la puerta de entrada lo proyectó contra el suelo, donde estalló en pedazos; entonces recomendó que limpiásemos bien la casa con ciertas hierbas y otros productos, prometiendo que antes de la tercera puesta del sol apreciaríamos los resultados. Así sucedió.

Al día siguiente, al brujo lo cargaron en una ambulancia con un sangrado intestinal intenso, que lo mantuvo grave por una semana. A partir de ese instante, jamás Mariblanca sufrió la agresión de la indeseada entidad.

La vida siguió su curso. El niño nació sano y sin complicaciones. El santero se mostraba esquivo, huidizo, muy asustado y nunca más se metió con nosotros.

Veamos otro caso de agresión corporal con numerosa participación de testigos:

¡Ese chivito es mío!

En la década de los años cuarenta los abuelos maternos de Mariblanca se establecieron en un punto de la costa suroriental de Cuba, al que denominaron El Salvial, por la abundancia de la planta medicinal homónima en el área. Debían desmontar la maleza adueñada del solitario relieve, preparar corrales para la crianza de animales y parcelas para el cultivo de viandas y legumbres.

No disponían de electricidad ni de agua corriente. Un arroyuelo surtía del precioso líquido para su consumo y el de los animales.

Una tarde, previo al oscurecer, se escuchó el incesante balido de un chivo próximo a la casa. Estaban sorprendidos y extrañados, pues no criaban cabras en la finca y por kilómetros a la redonda no existían pobladores. ¿De dónde salió ese animal? indagaban con asombro, mientras que inútilmente se afanaban por localizarle. Angelita, una de las hijas, que no cesaba de buscarle, exclamó:

—¡Ese chivito es mío! No sospechaba las consecuencias de aquella peregrina afirmación, ni cuánto iba a cambiar su vida a partir de ese instante. No hallaron ni rastro del ruidoso rumiante.

A la puesta del sol se despidieron. Según las buenas costumbres y tradiciones de la época, el novio no debía pernoctar en el hogar de su prometida. Por ello, Angelita dijo adiós a Dionisio en el portal. El joven emprendió el camino de regreso a Camarones, donde vivía con sus padres y hermanos.

El periplo, bien rutinario para él; conocía la rudimentaria vía como la palma de su mano, así fuera noche cerrada o de plenilunio. Iba absorto en pensamientos futuristas, cuando algo fuera de lo común le situó, de golpe, en el mundo real: unos pasos le seguían por el sendero. Giró el cuerpo y advirtió a un desconocido perro que, para sorpresa suya, creció desmesuradamente, pero ahí no paró la cosa. El gigantesco can convertíase en un toro bravo que alcanzaba dimensiones fabulosas. Solo y envuelto en la penumbra, no esperó más. Inició una carrera a todo dar hacia la casa de su amada en El Salvial, donde desembocó sin aliento, pálido y demacrado.

—¿Qué te pasó, Dionisio? —preguntó uno de sus futuros cuñados, extrañado con su inesperado retorno. Pero el joven no conseguía pronunciar palabras. Tras beber algo de agua, expresó:

—Se me presentó un perro muy raro a medio camino.

—No puede ser, en ese tramo no hay casas y mucho menos perros —aseguró Daniel, el padre de Angelita.

—El animal creció rápidamente y se transformó en un enorme toro negro que se me vino encima—afirmó.

Una carcajada general obtuvo por respuesta.

—Lo que tenías era miedo y no te atreves a reconocerlo —replicó uno del corrillo.

—No, no miento, lo juro, fue real —insistió Dionisio, que sin proponérselo convirtióse en el hazmerreir de la noche.

Rompiendo sus propias leyes, la amable familia le consintió pernoctar en casa. A la mañana siguiente, el mal parado novio marchó por la vereda hacia Camarones. Salvo Angelita, nadie se "tragó" su historia, la que categorizaron como "puro cuento de camino," fruto de un apendejamiento juvenil.

Esa tarde, Angelita y su hermano Felle recorrían una boniatera en el traspatio de la casa; de repente las hojas de boniato comenzaron a moverse de una manera esotérica, al igual que el pasto circundante. Cosa rara, anormal, pues no soplaba viento. Un rumor, como de vendaval avecinado, les impelió a meterse en casa; no obstante, no hubo tormenta ni mal tiempo.

Ingresaron a la cama temprano, como de costumbre, tras encender los quinqués y faroles de queroseno. Inusitadamente oyeron unos pasos en el exterior, que luego irrumpían en la vivienda. Percibían un andar torpe, con pisadas y bufidos de una bestia, a la que le traqueaban los huesos coyunturales.

La aterradora presencia se dirigió al tinajón y bebió abundante agua. Los que estaban despiertos no daban crédito al evento. Angelita gritaba desesperada. Presurosos corrieron a su aposento, halada por los cabellos, recibía bofetadas de una malévola entidad invisible, que al cabo se marchó. La muchacha lloraba atemorizada, la parentela, azorada, se agrupaba en derredor. No concebían, consternados, lo sucedido ni qué explicación atribuirle.

La siguiente noche resultó idéntica. El espectro se hizo sentir primeramente en el pórtico, luego, a través de las paredes de tablas, traspasó al recinto. Sus pisadas, como con pezuñas y el traqueo de sus huesos era espeluznante. Sus soplidos erizaban la piel. Bebió agua con fruición, iniciando la agresión física a la jovencita, mediante fuertes tirones de pelo, que la arrojaban del lecho, y contundentes manotazos. Los padres y hermanos volaron a auxiliarle. El perverso espíritu abandonaba entonces el escenario, dejando cautiva de terror y desesperación a la humilde familia.

Las cosas variaron la tercera noche: a Angelita la trasladaron a la alcoba de sus progenitores, esta vez estaría a salvo: fallida presunción. Penetró de similar forma al hogar, ejecutó las mismas acciones rutinarias y, al percatarse de la ausencia de su presa en la habitación, se encaminó a la de sus padres. De un tirón la sacó de la cama –pese a los denodados esfuerzos por retenerla– y comenzó a pegarle despiadadamente. Los gritos y apelaciones se multiplicaron hasta que la maléfica energía se retiró. Así aconteció en noches sucesivas. De tarde, lanzaba piedras a la joven si salía al patio.

Una vez Millo pernoctó allí con su amigo "Gallego." Armaron hamacas en la sala, yacían despiertos y escucharon al endemoniado espectro aproximarse, luego se introdujo en el rancho. La sorpresa fue, sin duda, pavorosa: ¡el fenómeno no poseía cabeza! Impotentes contemplaron aquello, así como la inusitada violencia que desató contra la cuñadita. Al marcharse dejó a todos en vilo. Los visitantes abandonaron la casa antes del amanecer.

Por la continuidad del problema, la madre de Angelita, como buena católica, emprendió rezos y plegarias para intentar alejar al diabólico ser. Pronto comprendió que aquello superaba sus fuerzas, que sus oraciones poco o ningún efecto surtían en su contra.

Las despiadadas embestidas proseguían. Cada oportunidad que el espíritu se acercaba, las gallinas lo advertían; generaban un inusual escándalo, aleteando y cacareando. Se caían –o las tumbaban– del árbol en el que dormían.

Ante el fracaso de su intento, Encarnación, desesperada, condujo a su hija a un centro (plantel) espiritual para solicitar ayuda a los médiums. Estos sitios, donde se practicaba el espiritismo de cordón, se hallaban en comarcas del levante de Cuba. Su misión consistía en ofrecer auxilio a las personas a través de la interacción con el "más allá". Procuraban sanar enfermos, expulsar energías negativas arraigadas y poseídas, a través de rituales de exorcismo; entablar comunicación con los fallecidos, propiciar la salud, santiguar, despojar y limpiar espiritualmente.

En el plantel rogaron la "caridad" a los médiums, quienes armaron el "cordón" e iniciaron los rezos de rigor. Previamente, trazaron cruces de ceniza en los puntos de acceso al local, para contener fuera al endemoniado espectro.

Tan pronto como éste fue invocado, se manifestó en los alrededores del recinto. Reñía impotente al no conseguir traspasar el umbral. La gente captó su malignidad y perversión. Interrogado por los maestros principales, reveló que en vida fue un militar español muerto por decapitación, en una instalación de vigilancia del ejército colonial que existía en la Loma del Papayo, próxima a la vivienda.

Hagamos una breve digresión para informar que en la parte superior de dicha elevación costera, Mariblanca y sus hermanos descubrieron restos de la recia horconadura de una antigua construcción, trozos de cerámica y otros testimonios arqueológicos que confirman el postulado. En el paredón frente al litoral de dicho promontorio, detectaron, incrustados, proyectiles de cañón disparados contra el punto desde el mar, suponemos que durante el bombardeo naval norteamericano que sufrieron fuertes y heliógrafos durante la Guerra Hispano-Cubano-Americana en 1898.

Un proyectil de acorazado fue localizado en los terrenos de la finca del señor Rey Sánchez, hermano de Angelita, en la década del cincuenta, en lo alto de la Sierra Maestra. Un tal "Piralla" acumuló árboles y ramas de un desmonte, les prendió fuego y se ubicó a buen recaudo, provocando una explosión que se oyó a kilómetros de distancia y que abrió una furnia de varios metros de diámetro y de una profundidad considerable. Desde entonces el enclave ostenta por nombre La Bomba, y así comparece en los mapas geográficos de la región.

Cuando el espíritu obcecado reveló su identidad le reprimieron, no molestaría más ni a la joven ni a sus parientes, completamente inocentes de lo a él acontecido en el pasado; se alejaría de ellos para siempre. La ceremonia de exorcismo culminó con intensas oraciones, rezos y cánticos colectivos. Le confeccionaron a Angelita un resguardo que debería portar diariamente y le anotaron una serie de remedios para alejar de sus vidas a la perturbadora entidad.

De vuelta a casa, ejecutaron las recomendaciones con premura. Regaron su interior con agua de plantas y otros productos, colocaron cruces de ceniza y de yarey en puertas y ventanas; se proporcionaron baños de despojo y elevaron oraciones y plegarias a Dios, a su hijo Jesucristo, a San Miguel Arcángel y a los Ángeles Guardianes. Angelita no saldría sola, menos de noche. Los resguardos se mantendrían activos por buen tiempo (cruces, "reguíos," baños y oraciones).

La primera noche escucharon al espíritu acéfalo merodear la vivienda, los perros ladraban frenéticos y las gallinas cacareaban alborotadas. Pero el valladar protector funcionó cabalmente y le resultó imposible entrar. Las siguientes noches se repitió lo mismo, la barrera bloqueadora demostró su eficacia y poder.

Transcurrieron los días y la vida tomó su curso. La entidad oscura y errante se alejó definitivamente. Reinó la paz y la tranquilidad durante las décadas que habitaron el solitario paraje.

Angelita y Dionisio se casaron y procrearon varios hijos. En tanto las ruinas coloniales de la Loma del Papayo fueron removidas y obliteradas por los trabajos de construcción de la carretera costera, perdiéndose, irremediablemente, una información arqueológica de sustancial importancia para la historia de la localidad.

Este caso evidencia la capacidad de la entidad demoníaca de transformar su estructura molecular periespírita, desde plurales tipos de animales hasta un espectro decapitado.

Parece obvio que Angelita sufrió el embate de un ser diabólico, bestial, como denuncian los relatos de testigos presenciales que reportan el ruido de pezuñas, bufidos y el traquear de coyunturas. El descontrol de los canes y el alboroto y huida de las aves de corral, apuntan también en esa dirección.

La araña de Los Ñames

Los pescadores de Santiago de Cuba denominaban al lugar de esa manera debido a dos soportes, bases o pilares de concreto, pertenecientes a un pretérito embarcadero de mineral de hierro y manganeso que funcionó ahí durante los finales del período colonial y los primeros lustros de la etapa republicana cubana.

Los trenes cargados del mineral partían de la zona de extracción en las minas de El Cuero, en las estribaciones de la Sierra Maestra, hasta el citado embarcadero (o "cantilibre," como también le nombraban) con caída al mar, muy próximo a la playa de Nima-Nima, al oeste, y la punta de Cabrera, al este. Conformaba una especie de canal gigante, en la que vertían los vagones repletos de material ferroso, que rodaba directamente hasta la bodega de los barcos que lo transportaban a distintos destinos. El complejo pertenecía a la compañía norteamericana"Spanish Iron Co.", propietaria a su vez de otros sitios productivos similares en la propia costa suroriental de Cuba.

Transcurrieron los años y de aquella canal suministradora sólo sobrevivían las bases de concreto de hormigón armado, de estructura piramidal, bautizadas popularmente como Los Ñames. Según observamos con nuestro hermano Gabriel en pesquerías submarinas en el área, un segmento de la misma cayó al fondo del mar, donde lucía henchida de corales, algas y fauna asociada.

A Los Ñames lo visitaban algunos miembros de la familia, como también Oberto (primo del tío Bebito) y Frank, compañeros inseparables de pesca. A estos últimos corresponde el siguiente breve relato:Desde el atardecer tomaron posesión del punto. La noche se mostró oscura y en calma, sólo perturbaba el silencio el impacto de las olas contra el acantilado. Los peces no picaban y al filo de las nueve habían izado algunas "guacharitas". Pero la quietud imperante se rompió por gritos de pavor y una luz mortecina amarilla que avanzaba sinuosamente, en dirección al pesquero. La gente, alarmada, suspendió de inmediato la faena, empuñando faroles, cuchillos y machetes, ante la incertidumbre de lo que se avecinaba. Pronto identificaron las voces de Oberto y de Frank, según corroboraron en breve, al arribar éstos sudorosos, jadeantes, rasguñados y visiblemente asustados; apenas conseguían proferir palabras.

—¡Era gigantesca! —dijo Oberto.—Nos atacó con furia —agregó Frank.

—¿De qué hablan? ¿Qué les sucedió? —inquirió Bebito alterado.

—Nos atacó una araña monstruosa, negra, peluda y con descomunales garfios amenazantes, demoníaco aquello —detalló Oberto secándose el sudor que caía copiosamente en los gruesos cristales de sus espejuelos de miope.

—¡Qué tanto aspaviento por una tarántula! ¿Por qué no la aplastaron con el pie? —riposto Bebito desconcertado por aquel desproporcionado temor a un simple arácnido tropical. Frank y Oberto cruzaron miradas casi insultantes.

—¿Cómo vamos a aplastar a una araña del tamaño de un ternero, Bebito? —respondió Oberto agregando—: Gracias a Dios que escapamos de ese fenómeno anómalo.

Hasta la muerte, sostuvieron la veracidad del suceso extranormal. Se distinguieron por ser hombres de palabra, por su seriedad y honestidad, por ser abstemios, sanos y deportistas; frisaban ya los sesenta y cinco años. Oberto era tipógrafo experimentado, Frank trabajó casi toda su vida como empleado en los mejores comercios (tiendas de ropa y peleterías) de Santiago de Cuba. El resto de los presentes no observó a la presunta araña gigante, pero sí atestiguaron el escándalo, la impetuosa huida y el nerviosismo y terror reflejado en las caras de sus amigos.

Jamás volvieron a pescar en los Ñames, a pesar de constituir uno de sus lugares predilectos. Años más tarde, en la playuela adyacente a la casa de Clara y Mingo, Frank cayó embestido por una inmensa ola que le mató instantáneamente, al golpearle en la cabeza. Oberto, ya bastante viejo, se lanzó al mar intentando auxiliarle, pero sin lentes, convertíase en ciego. Empezó a ahogarse. Afortunadamente Mingo lo enlazó y extrajo salvo, luego sacó el cadáver del pobre Frank. Oberto, destruido por la pérdida de su fraternal colega, se retiró de la pesca para siempre.

X.- Lugares embrujados

Son sitios ocupados de forma permanente por almas en pena, aferradas a su vida terrenal, por lo general de bajo astral, que no han trascendido a planos superiores bien porque se niegan a abandonar sus "propiedades" o por la ignorancia o atraso de su estatus espiritual. Se consideran dueñas exclusivas de esos lares, rechazando a los encarnados que se instalan o transitan por allí; oposición que suele incluir distintas manifestaciones y acciones, tales como sonidos, golpes, apariciones y agresiones físicas, se encuentre la víctima despierta o dormida.

Las plazas embrujadas las conforman ciertas casas, mansiones, edificios, cementerios, barcos, bosques o pantanos apartados, entre otros. Los edificios (hoteles, fábricas, hospitales, asilos, manicomios, orfelinatos, cárceles, etc.) abandonados suelen ser más propicios a la infestación espiritual. Los sentimientos de tristeza, angustia, soledad, dolor, terror, sufrimiento, ira, venganza, odio, y más, se encuentran grabados en el ambiente y favorecen la formación de un caldo de cultivo e incubación de fenómenos anómalos. Por eso, cuando irrumpimos en ellos, la percepción extrasensorial nos permite captar, de inmediato, la negatividad de la energía encapsulada en el espacio.

Los solitarios bosques también constituyen escenarios encantados, donde acuden multitud de entidades incorpóreas errantes en busca de retiro, paz, silencio, oscuridad y aislamiento. Cierto número de ellos habitan árboles, pantanos, montañas, cuevas y distintos accidentes geográficos. Por eso, cuando un encarnado penetra en sus predios no es bienvenido y, lo peor, frecuentemente es repelido con violencia.

Finalmente, no debemos omitir puntos en que existen vórtices o portales, donde se viabiliza el acceso entre un plano y otro. Funcionan como corredores interdimensionales, donde se suscitan los más diversos eventos paranormales. Comúnmente se asocian con casas embrujadas y pueden radicar en espejos, puertas, ventanas, armarios, closets, sótanos y áticos, entre otros. Veamos:

Un refugio para Mingo

Miguel Ángel Cabrera (Mingo) fue arriero por largos años en la Sierra Maestra y en el llano. Una tarde, hallándose en medio de las estribaciones con sus mulos repletos de mercancías, advirtió que se acercaba un temporal. Aceleró el paso en busca de refugio, sin encontrar donde guarecerse. Otro arriero que le acompañaba hizo señales de que le siguiera, conduciéndole a una densa arboleda centenaria, de enorme altura y plena de "guajacas" (planta parásita colgante, llamada también "cabello de bruja") en cuya sombra existía una vieja casona en ruinas, única alternativa para ellos. Amarraron a las bestias y se encaminaron a la mansión, severamente dañada por el abandono y el decursar inexorable del tiempo, amén de la lluvia, la humedad y otros factores naturales. Antaño había sido la casa señorial de un vasto cafetal, cuyos dueños, franceses, poseían -como en numerosos puntos de las estribaciones Maestra y Limones- grandes dotaciones de esclavos.

Según la tradición oral, con posterioridad al fin de esa actividad agroindustrial y, a consecuencia del éxodo o deceso de sus pretéritos propietarios, a pesar de permanecer vacía nadie osó ocuparla porque estaba embrujada. Viajeros que intentaron pernoctar *in situ* sufrieron agresiones: golpes, empujones; los lanzaban al suelo de sus hamacas, escuchaban espeluznantes ruidos o contemplaban apariciones espectrales, entre otros.

Pero ellos eran hombres rudos, acostumbrados a la soledad, a la penuria, a lo imprevisible del camino, a enfrentar las dificultades con resolución y entereza. La amenaza de la tormenta resultaba real, el peligro inminente, por lo que se decantaron por traspasar el umbral, acomodarse lo mejor posible y aguardar por el paso del temporal.

Ataron las confortables hamacas a los aún sólidos horcones de madera recia,comieron algo y conversaron cierto tiempo; entre tanto, llovía copiosamente afuera y las descargas eléctricas iluminaban fugazmente la densa oscuridad reinante. El cansancio por la ardua jornada se impuso y en breve el sueño dominó las pestañas. Un rústico mechón, confeccionado con un pedazo de trapo, una caneca (envase de cerveza escocesa, muy popular en buena parte del siglo XIX y principios del XX), empleando como combustible el queroseno, arrojaba algo de luz al tétrico recinto. De pronto, Mingo recibió un contundente golpe en su pecho, propinado por una pesada cadena, de gran tamaño, según revelaba el sonido y el peso de ésta en su recorrido por esa porción de su cuerpo.

Con el inesperado impacto despertó y aterrado, constató el deslice de cada uno de los descomunales eslabones por su piel. Saltó de la hamaca, profiriendo gritos de espanto. Su compañero se incorporó y ambos recibieron una andanada de bofetadas. Asustados, se afanaban por identificar la fuente de la agresión, pero no veían a nadie. Clamaban por la protección de Dios, al convencerse del origen extranormal -diabólico- del ataque.

En segundos zafaron las hamacas y recogieron las escasas pertenencias, abandonaron conscientemente ciertas cosas en el vetusto caserón, desamarraron los animales y marcharon veloces por el angosto sendero, en medio del aguacero y la penumbra. Verdaderamente, la antigua y deshabitada mansión se encontraba embrujada.

La casa del reparto La República

Después del fuego de la casa construida por papá en el reparto La República, nos fuimos a vivir con abuela Dora en Cuabitas, en 1966. Pero meses más tarde, recibimos una confidencia de que pretendían quitarnos lo que se había conseguido reedificar de la vivienda quemada y regresamos a ella.

Días previos a la mudanza, visitamos a ciertos vecinos para informarles la noticia. La madre de Negra practicaba el espiritismo y la santería, apreciaba a mamá y le aconsejó que antes de ocuparse, debía de ser sometida a un riguroso proceso de limpieza espiritual, pues a consecuencia de su temporal abandono, se mostraba invadida por entidades nada acogedoras. Recomendó la expulsión de las mismas como premisa, toda vez que la vida en ella podrían convertirla en insoportable.

Mamá conocía, por múltiples experiencias personales, de lo verídico del mundo de los espíritus y su influencia en el de los vivos, pero, consecuente con sus convicciones católicas -que nunca abandonó- dejó las cosas en manos de Dios.

El día en que nos reinstalamos caímos en la cama exhaustos. A la mañana siguiente, Fela, la inolvidable amiga, y su sobrino Angelito, acudieron a darnos la bienvenida. Platicábamos animadamente en el único cuarto cuando, ante el asombro colectivo, el balancito comenzó a mecerse con rapidez; su viejo y aflojado maderamen traqueaba acompasadamente, como soportando un peso considerable.

—¿Qué es eso? ¡Se está moviendo sólo! —exclamamos al unísono varios de los presentes.

El mueblecito prosiguió su rítmico compás por unos segundos y entonces, paró de golpe, en seco. La visita, impresionada, se excusó, despidiéndose apresuradamente. A partir de ese instante, las manifestaciones de eventos paranormales sucedían casi a diario, principalmente en la noche.

En reiteradas ocasiones, levantaban las cuerdas del mosquitero como para transitar por debajo; en otras, recién encamados, escuchábamos cómo se calzaban los zapatos y caminaban por la habitación.

—¿Te levantaste, mamá? —decíamos.

—No, creía que eras tú—respondía desconcertada.

De un salto encendíamos el bombillo, todo lucía normal, sin alteraciones. Luego, se repetía la insólita acción.

Algo que provocaba terror y nos alineaba los pelos "de punta," era cuando nos arrancaban la sábana de taparnos de un tirón, con tal ímpetu que iba a parar distante de la cama. Una noche se lo hicieron a papá, que no lo aceptaba; le quitaron la cobija, la expulsaron fuera de su alcance y luego, un cuerpo pesado e invisible tomó asiento a su lado, hundiendo al máximo el colchón.

Una vez, solos en casa, batallábamos por conciliar el sueño, cuando se apareció una señora de color pardo, gruesa, con un vestido de llamativos óvalos morados, pañoleta en la cabeza y argollas doradas en sus orejas. Alzó las cuerdas del mosquitero y pasó por debajo, mirándonos, mientras se dirigía hacia el baño, donde, literalmente, se evaporó.

Indudablemente, el evento extranormal de mayor relieve de todos los suscitados en la casa de La República, a posteriori de su misterioso incendio, tuvo lugar una tarde mientras tomábamos el baño. Mamá no estaba. Mojados y enjabonados, oímos contundentes golpes en el cuarto contiguo. Escudriñamos por el filo de la cortina que separaba ambos recintos y quedamos desconcertados: los impactos, como puñetazos, los recibía el pantry en su parte plana, a modo de mesita para comer o depositar cacharros de cocina. Allí reposaban cubiertos y unos jarritos de aluminio, los que brincaban como en bastidor de salto. Cayeron estruendosamente al piso. Envueltos en la toalla, huimos al exterior de la casa, cruzando pegado al aludido mueble en plena actividad paranormal. En la cocina en construcción, carente de puertas y ventanas, esperamos por mamá.

Tras sus expresiones de sorpresa por hallarnos en aquel punto, únicamente cubiertos con el paño de secarse, entramos a la habitación. Por suerte reinaba la calma. Al parecer, la entidad maligna se había marchado. Recuperamos del suelo los artefactos derribados.

Las actividades paranormales fueron disminuyendo paulatinamente con el transcurso del tiempo. Los espíritus desencarnados que invadieron la propiedad, o la abandonaron o se acostumbraron a nuestra presencia y, a la postre, aceptaron una coexistencia armónica.

¡"Villa Rana" otra vez!

Gabriel siempre quiso averiguar si los residentes de la casa de "Villa Rana" experimentaban algún tipo de afectación extranormal, como le aconteció a mamá a principios de la década del cincuenta.

Un día decidió preguntarles sobre el particular, ellos desconocían por completo la anterior vivencia expuesta. Ignoramos la fecha exacta en la que adquirieron la vivienda, pero nos consta que, al menos, en mil novecientos sesenta ya la ocupaban el teniente Ignacio Berro, su esposa Esther y sus hijos Ignacito y Teresita.

La conversación se desarrolló en los años ochenta, algo más de treinta años después de lo ocurrido a mamá bajo el mismo techo. Gabriel solicitó a Esther le respondiera si durante su vida, en la vieja casa, había tenido experiencias sobrenaturales o del "más allá". Ella le explicó que desde que se instalaron captaron la presencia de una entidad perturbadora. Cuando pasaba, proyectaba una sombra alta en las paredes; interfería a los equipos electrodomésticos, sobre todo al televisor, que perdía la señal y era incontrolable. La energía que emanaba era fuerte y ostensiblemente negativa.

Teresita comenzó a confrontar falta de aire, ahogos y señales de un presunto proceso asmático muy duro. La llevaban al hospital y, a camino, se le quitaba como por arte de magia. Apenas retornaba al hogar volvía el mal. Con el advenimiento del primogénito de Teresita la cosa empeoró. En breve la criatura mostraba el mismo cuadro clínico de su madre. Comenzó a padecer de terror nocturno y a quejarse del asedio de un espectro malévolo. No permitía que disfrutara de la televisión, descontrolaba al equipo a tal extremo que bloqueaba sus programas infantiles predilectos.

Ante la pregunta de Gabriel de que, si alguna vez le habían visto, Esther respondió afirmativamente, refiriendo que se trataba de "una mujer muy alta y extremadamente delgada, que cubría su rostro con una especie de manta", descripción idéntica a la expuesta por mamá, treinta años atrás.

Sufrían impotentes el problema que se agudizaba por día. Alguien sugirió que recabaran ayuda espiritual, por lo que contactaron a dos médiums expertos en desalojar a duendes y espíritus firmemente arraigados.

Con la puesta en práctica de un complejo ceremonial de invocación, establecieron la comunicación. La entidad acudió prepotente, agresiva, recalcando su potestad sobre la morada y que nadie lograría expulsarla, porque esa era su casa. Amenazó con represalias aún mayores contra los miembros de la familia. Entonces los médiums le manifestaron su intención de removerle si proseguía afectando la salud, la tranquilidad y la estabilidad del inocente niño y de su joven madre.

Después de medir fuerzas, le propusieron sellar un pacto: no le expulsarían a cambio de dejar en paz a los habitantes del inmueble. Deberían respetarse y convivir en armonía. El ente arraigado aceptó cumplir su parte. Aconsejaron a Esther acatar lo acordado, preferible a enfrascarse en una lucha difícil y peligrosa, de impredecible desenlace. Así lo hizo. Entonces proclamaron lo convenido, informando que actuarían como garantes y jueces.

Esther detalló a nuestro hermano, con emoción, que entre los accesorios ritualistas empleados por los médiums, en una mesita depositaron una copa con agua clara, en cuyo fondo advirtió, con asombro, la aparición de unos cerditos diminutos, de color pardo claro. A tenor de los espiritistas, resultaban una transfiguración del residente maligno. Al culminar el proceso, desaparecieron del recipiente.

Con la alborada del próximo día, reinó la tranquilidad en el hogar. Teresita y su hijo recobraron la salud. Sus sueños fueron placenteros. La tenebrosa sombra se visualizaba con menor frecuencia y cesó su interferencia hacia el televisor. Marcaba territorio, para concientizar de su vigencia, pero sin generar daños o perturbaciones.

La interesante confesión de la señora Esther nos conduce de la mano a una elemental conclusión: la casa de "Villa Rana" se hallaba embrujada, infestada por un espectro oscuro, de bajo astral, aferrado al plano terrenal, que no pretendía abandonar. Rechazó la oferta de los médiums de renunciar a su equívoca condición y elevarse y trascender a la luz, decantándose, en cambio, por un pacto en aras de empecinadamente retener su estatus de estancamiento y atraso, lejos del progreso espiritual y de la paz celestial que Dios concede a los que le procuran al partir.

Cayo Damas

Trátase de un pequeño islote ubicado a unos cien metros de la costa y a un kilómetro al este del poblado de Chivirico, capital actual del municipio Guamá, costa suroriental de Cuba. Su parte norte la conforma un banco arenoso y de fragmentos coralígenos, de poco más de cien metros cuadrados; el sur es un promontorio rocoso, de color oscuro, que sobrepasa los cuarenta pies sobre el nivel del mar.

Un malecón, construido con piedras cementadas, marca el perímetro del cayuelo por sus límites norte, este y oeste, debido a que las altas mareas solían inundar su superficie por su escasa altitud sobre las aguas marinas en esos puntos cardinales.

Conocimos el sitio a principios de la década del setenta. Gabriel laboró allí por tres años como fotógrafo submarino –y naturalista en general– de la Universidad de Oriente, institución a la que pertenece el cayo desde finales del decenio anterior. Sus amigos y compañeros de la localidad le detallaron la pretérita existencia de un –a decir de ellos– duende maléfico y agresivo.

Miembros de la cooperativa pesquera, emplazada en tierra firme frente al cayuelo, denunciaban la presencia de un "Jigüe" (duende enano enamoradizo que vive en las aguas, según el folclore cubano) de baja estatura, aspecto simiesco, color oscuro, contrahecho, ojos saltones y brazos más abiertos de lo normal al andar. Se mostraba seguro y confiado. Personas que circulaban por la carretera le avistaron y describieron de idéntica forma. Cambiaban la mirada para no toparse con el aterrador "Jigüe" de las aguas, desandando por el cayo.

Rudos pescadores que atracaron en su muellecito para pernoctar en la deshabitada casona o para guarecerse de alguna tormenta, refieren que precisaron escapar precipitadamente ante la agresión espiritual que sufrieron: bofetadas, empujones, jalones de pie, entre otros, achacados al duende malvado. Confesaron que el atacante era invisible, que probablemente participó más de una entidad, porque varios fueron golpeados simultáneamente. Esta situación se repitió cuando la tripulación de otro barco intentó refugiarse allí de un mal tiempo. Huyeron velozmente ante una lluvia de golpes y empujones.

Para los hombres de mar, para los arrieros, campesinos y lugareños en general, Cayo Damas constituía, sin género de duda, una plaza embrujada; nadie osaba visitarlo de noche por temor a represalias del agresivo "Jigüe", devenido en dueño absoluto del cayo. Le atribuían la autoría de los ataques de forma gratuita, infundada, porque en realidad ninguno de los afectados le vio propiamente en ese momento.

Cuando la Universidad de Oriente adquirió el enclave e instaló (en las postrimerías de la década del sesenta) un centro de taxidermia para proveer de especies marinas, terrestres y de la avifauna local a la Escuela de Biología, cesaron las denuncias de incidentes paranormales. La casa albergó trabajadores, investigadores y estudiantes en el transcurso de lustros. Según parece, las energías negativas repelentes lo despejaron, ante un intenso quehacer humano, culminando así un ciclo de infestación espiritual, posible consecuencia de sus años de soledad.

La habitación clausurada

El primo Lorenzo vivió varios años en un asilo de ancianos, situado en la calle veintitrés del SW de la ciudad de Miami, donde le visitábamos semanalmente.

Convivía en la casona con otros congéneres contemporáneos, cada cual disponía de su propio aposento. La sala, el comedor y los baños eran de uso común. Los atendía con esmero una señora que respondía al nombre de Norma.

Siempre que acudíamos al sitio atraía nuestra atención una habitación –la primera a la izquierda de la entrada– que permanecía sellada, con cadena y candado. Por eso, una tarde preguntamos a la atenta cuidadora la razón de aquella clausura.

«Es que ese cuarto tiene un problema muy grave. Perteneció a un individuo malhumorado, conflictivo y antisocial—respiró hondo y prosiguió—: No compartía con los demás ni aceptaba visitas. Un día enfermó, rechazó ir al hospital y falleció súbitamente—tras breve pausa, continuó—: Recogimos el reguero que tenía en el cuarto y lo alistamos para un nuevo inquilino, que no tardó en arribar y lo acomodamos confortablemente. Por la noche, encamado ya, escuchamos gritos desesperados provenientes de su recámara. Corrí y hallé al viejito en la sala, jadeante y asustadísimo».

—¡Algo me atacó en el cuarto! —afirmó.

—¿Está usted seguro, señor? —pregunté preocupada.

—Sí, absolutamente, pero debe saber que no es un ser material, no, es un espíritu que intentó estrangularme en la cama.

—Usted soñaba, no se preocupe; vamos al aposento, yo misma lo revisaré —expresó doña Norma, que lo ayudó a acostarse otra vez. Pero antes de la hora los gritos del octogenario despertaron nuevamente a los residentes del lugar.

«En esta ocasión, uno de ellos me acompañó. Al entrar al recinto y encender la luz, recibimos un bombardeo de plurales objetos, proyectados por una entidad invisible: platos, tazas, libros, entre otros, volaban por doquier. Derribó una mesita llena de cosas. Agarramos al trémulo anciano, lo sacamos, cerramos la puerta y lo instalamos provisionalmente en la sala». La anfitriona bebió agua y reanudó la narración: «Al siguiente día fui a la alcoba y la organicé, dejé la puerta abierta, por si acaso. El señor se negó, de plano, a regresar al punto. Juan, el más joven de los residentes, brindó su cuarto al nuevo huésped a cambio del suyo, pues adujo no creer en fantasmas. Así se hizo y todo marchó perfectamente hasta la hora de dormir. Al rato de acostado, Juan empezó a gritar, oímos un estruendo y golpes; cuando corrí al sitio, ya Juan incursionaba en la sala, pálido, nervioso, con los ojos que insinuaban escapar de sus cuencas».

—¡Doña Norma, doña Norma, me agredieron a golpes y empujones; ahí radica el espíritu del cascarrabias que lo ocupaba, estoy convencido de su presencia!.

Entonces, la buena mujer prosiguió: «Cerré la habitación y arrastré un pesado mueble delante de la puerta para bloquearla. Por la mañana llamé a la dueña, que acudió con premura. Escuchó asombrada al detalle lo acontecido. Entrevistó a las víctimas, que expresaron su rotunda negativa a volver allí. Trasladó al nuevo inquilino a otra casa y Juan recuperó su aposento». Finalmente, añadió: «La propietaria mandó a encadenar la puerta, para evitar futuros incidentes».

Así permaneció por un tiempo considerable. Los ancianos, temerosos, evitaban cruzar delante de ella. Meses más tarde, todos, incluyendo a Lorenzo, fueron reubicados en instalaciones similares, ya que esa iba a ser remodelada. Las cabecitas blancas se marcharon para siempre con una convicción: que la habitación primera del viejo local se encontraba embrujada, ocupada por un espíritu arraigado, agresivo, negado a abandonarla y mucho menos a compartirla.

La casa de la calle Foye, Pensacola

En octubre del 2007 nos mudamos a la casa #1 de la calle Foye, en la vieja ciudad de Pensacola, fundada por colonizadores españoles en 1559. El día del cierre de su compra pernoctamos en ella. Román, que durmió en aposento separado, captó el espíritu de una mujer, de más que mediana edad, irrumpir en la habitación. La aparición fue fugaz y no le causó temor, pues la vibra que radiaba no era maligna, según su percepción extrasensorial.

Por otra parte, temprano en la mañana, experimentamos algo diferente; escuchamos un ruidillo en la terraza del fondo. Al acercarnos a la puerta divisamos, a través del cristal nevado, una silueta humana parada. Aguardamos unos segundos a que tocara a la puerta, coligiendo que podría tratarse de Anthony, el realtor, con quien concertamos una cita matutina. El toque nunca ocurrió, por lo que abrimos al recién llegado, pero la terraza estaba vacía.

Toda persona que transitó por la casa de Foye reportó escuchar voces, risas y llantos (psicofonías) de niños invisibles, que, con sus algarabías, no les dejaban dormir. Blanca, la madre de Mariblanca, tuvo dos contactos con el ánima de una niña que lloraba desconsolada frente a su alcoba. En otra oportunidad, entró en la habitación y sollozó delante de su cama. La anciana reposaba de espaldas a la puerta y, al voltearse, constató su soledad en el recinto.

Román dormía en un reclinable frente al televisor de la sala familiar, apenas conseguía pegar los ojos, pues unos niños etéreos correteaban jugando en el pasillo, entremezclando risas y llantos con tropeles.

Muchas veces Mariblanca escuchó, con claridad meridiana, a los pequeños cuyas almas, según parece, estaban aprisionadas en la vieja casona, reír o gemir en la quietud y penumbra nocturnas.

Nuestro primer contacto con estos supuestos entes infantiles (porque luego son fenómenos mayores que se enmascaran representando inocentes criaturas) sucedió a solas en el aposento.

Una bombilla proporcionaba una luz mortecina, que servía para desplazarse en su interior; oímos pasos acelerados en el intransitado y bloqueado pasillo que separaba la pared lateral externa de la casa, de un taller abandonado. El ruido nos alarmó, ya que la angosta separación no tenía acceso a la calle, copado por maleza, ramas y enredaderas espinosas. De repente observamos la silueta de un niño blanco, sin camisa y con pantalón corto, color verde olivo, que atravesó la pared del cuarto desde el referido pasillo. Saltamos del lecho, pero no hubo tiempo de proferir palabras; se esfumó rumbo a la salida del dormitorio. La experiencia extranormal resultó de dos tipos: auditiva, en sus inicios y visual, al final.

Una noche de insomnio, fuimos al reclinable para disfrutar de la televisión en busca del elusivo sueño. Media hora después, escuchamos el andar de unos piececitos por el pasillo, que al alcanzar la altura del salón se detenían y entonces propinaban manotazos en la pared terminal del mismo. Se repitió varias veces, hasta que nos retiramos a la habitación; imposible soportar más los murmullos de aquellos niños fantasmas en sus juegos.

En otra ocasión en que nos venció el cansancio frente a la tele, despertamos con un tropel en derredor; sentimos ardor en el codo izquierdo, donde brotaba sangre. Al revisar el punto, advertimos con asombro la impronta de una uñita humana encarnada.

El amplio espacio, a insistencia de las actividades paranormales, permanecía cada vez más desolado. Ya nadie acudía ahí de noche, a no ser por alguna razón específica, tránsito casi siempre fugaz.

El primero de enero del 2009, una parte de la casa amaneció inundada. La fosa séptica desbordó y el sistema de drenaje colapsó. Las aguas negras retrocedieron y brotaron por el desagüe de la ducha y del sanitario. ¡Mal augurio! Los muchachos trabajaron como titanes excavando el arruinado sistema de drenaje. Tarde en la noche salimos a recoger las herramientas y utensilios, retornábamos a la terraza trasera con las manos repletas de los mismos, cuando nos embargó un súbito temor de caer dentro de la zanja; nos paralizamos a tal punto, que no atinábamos a movernos. Debido al nerviosismo, comenzábamos a bambolearnos, con pérdida del equilibrio en el estrecho espacio. En medio de esa angustia, un rayo de luz directa iluminó la resbalosa senda. «¡Gracias a Dios!»,exclamamos. Cuidadosamente avanzamos hacia la terraza, ya ganábamos el firme y esperábamos descubrir quién acudió en nuestro auxilio, pero ¡cuán grande sería la sorpresa al comprobar que la linterna yacía solitaria encima de una mesa y no había el más mínimo rastro de quién la encendió tan oportunamente!

Recordamos entonces que al aparato lo desecharon al no funcionar cuando le necesitaron, por mucho que persistieran en el intento. La imagen de papá se dibujó en la mente: era experto arreglando linternas y faroles. «¡Gracias, papá!», declaramos en voz alta, pues atribuimos a él la inesperada reactivación del artefacto inservible, librándonos de un probable accidente de consecuencias impredecibles.

Un mediodía reposábamos el almuerzo. Desde la ventana frontal vimos a Román entrar y luego salir por el corredor. Tras él advertimos a una niña luciendo un vestido blanco, con lunares y vuelos. Mostraba el pelo negro, cortado recto en la frente con cerquillo encajado, un tanto más claro que el cabello. Calzaba zapatos finos, de charol; saltaba alegremente en el corredor hasta que siguió la zaga de Román.

Abandonamos apresuradamente la recámara, pensando que se trataba de la hija mayor de la amiga Karina. Arribamos al exterior del portal siguiendo la ruta de Román -y de la niña- diciendo en subida voz:

—¡Román, Román, cuidado, que la niña puede caer en la zanja!

—¿Qué pasa, papá? ¿De qué niña hablas? —preguntó sentado tranquilamente en el garaje.

—De la que te perseguía hace un instante

Nos miró fijamente y replicó: —Tranquilízate, papá, en la casa no hay visitas. Ni siquiera Karina.

Impresionante aquella visión prolongada, que permitió detallarla minuciosamente. Todavía cerramos los ojos y la visualizamos brincando y corriendo alegremente. Pudiera ser uno de los espíritus infantiles atrapados en la vieja casa de Foye.

Otro fenómeno captado prístinamente en la vivienda fue el fantasma de una señora de entre cincuenta y sesenta años de edad que se materializó en diversas oportunidades. Román la descubrió cuando pernoctamos por primera vez en ella. A escaso tiempo, le sucedió lo mismo a Mariblanca, que la observó vestida con una bata de casa rosada y brevemente la confundió con su madre, pero se percató de que resultaba más joven y con el cabello color caoba.

Una vez, los muchachos regresaban a casa y cuando parqueaban el vehículo, nos asomamos por la ventana de la cocina. Los contemplamos sentados en el asiento delantero y en el trasero, a una mujer de la raza blanca, con el pelo color caoba. Supusimos que era Fátima, esposa de Ramoncito y abrimos la puerta frontal de la morada. Cuando cesamos de mirar, ya la señora se hallaba en el exterior del automóvil y caminaba hacia la portezuela de la cerca. ¡Sorpresa! La dama había desaparecido. Al entrar nuestros hijos al corredor, preguntamos:

—¿Y la señora que venía con ustedes?

—No sé a qué señora te refieres, porque andamos solos —contestó Román sorprendido.

En conversaciones con Grace, la vecina del frente, conocimos que la persona que nos vendió la casa tenía una hermana de entre sesenta y cinco años y setenta años de edad, blanca y con el pelo color caoba. Enfermó y falleció. Al Román describirla, según su visión, Grace exclamó:

—¡Es la hermana de Wilma! yo también he captado su espíritu en diferentes ocasiones, en el patio de ustedes, su lugar favorito.

Indudablemente, el espectro más desagradable y perturbador advertido en la casa fue el de un individuo muy alto, delgado, vestido de negro, rematando su cabeza con una capucha de similar color. Su primera aparición acaeció una tarde en la que Mariblanca platicaba con sus hijos a la entrada de la cocina; Román y ella, situados frente al salón familiar, Monchito, ladeado al mismo. Insospechadamente, el encapuchado traspasó la pared de concreto del salón, de afuera para adentro, caminando de prisa por el pasillo, rumbo al baño.

—¡Desgraciado, fuera de mi casa! —le dijo Mariblanca tan conturbada como indignada —¡Respeta nuestro hogar!

Pero la tenebrosa entidad no se dio por aludida. Román apreció íntegramente el espectáculo extranormal y Monchito, en su fase final, cuando la repulsiva figura se desvaneció en el pasillo. En más de una oportunidad Román avistó su tránsito, reflejado en el cristal del multimueble del televisor.

Un día sufrimos una desagradable vivencia con el encapuchado de marras. Ramoncito abordó su automóvil de vuelta a su casa. Repentinamente, apareció el espectro y empezó a danzar en torno al vehículo. Únicamente nosotros, asomados por la ventana, fuimos testigos de ello. Por fin el carro se puso en movimiento y dejamos de ver a la tenebrosa figura.

Entre tanto, a mamá le progresaba la cruel enfermedad, sin piedad. Postrada en su silla de ruedas, apenas conseguía dar dos pasos. Se le dificultaba proferir palabras, mucho más articular frases. La clarividencia que siempre tuvo aumentó ostensiblemente. A menudo aludía la presencia de papá: «El viejo estuvo aquí»,afirmaba con los ojos anegados en lágrimas. Otras veces departía con su hermana Victoria, así como con su hermano Guillermo, todos difuntos. Su pálido rostro reflejaba tristeza y emoción.

Una tarde, oímos un leve murmullo en su aposento; halamos la puerta suavemente y se impuso un silencio total. Apreciamos a Dorita con los ojos cerrados y la faz tranquila,pero al revisar el lecho, algo nos erizó la piel: un hundimiento en el colchón cabe a sus pies, que pronto desapareció al ascender éste a su estado normal, como si una persona hubiere tomado asiento y, al percatarse de nuestra presencia, se levantara con rapidez. Experimentamos la sensación de que papá la acompañaba, tal y como ella declaraba muchas veces.

En la casa de Foye nunca disfrutamos de sosiego, producto de la recurrencia de fenómenos extranormales. En las noches escuchábamos abrir y cerrar gavetas y puertas en el último dormitorio. Una vez generaron tal estruendo, que acudimos armados, infiriendo una incursión de ladrones. Al arribar a su entrada, identificamos una luz esférica y brillante que se movió velozmente y escapó a través del cristal de una ventana trancada. Era como humo claro, móvil a voluntad; probablemente un espíritu que, al saberse descubierto, abandonó apresuradamente el lugar.

Una noche, recién acostados, irrumpió un viento helado y misterioso en la alcoba, a pesar de hallarse herméticamente cerrada. Un ambiente raro, opresivo, lo copó todo; entonces algo explotó dentro, estremeciendo cortinas, cuadros y objetos. Captamos una figura amorfa, como humo vaporoso, que se fugó por el vidrio de un ventanal. Experimentamos una mezcla de angustia, náusea y malestar, que al cabo se disipó, retornando todo a la normalidad. Sospechamos que cierta energía negativa intrusiva causó tan desagradable situación. La manera en que reventó y se desintegró, así como su huida acelerada, lo atribuimos a la pronta y efectiva intervención de nuestros ángeles guardianas y espíritus protectores.

En el 2010 el primo Lorenzo, que residía con nosotros, enfermó gravemente. Una mañana en que Mariblanca le llevó el desayuno, él preguntó si había visto a su hermana Bebita (muerta hacía años) que estuvo visitándole.

—Salió por ahí—aseguró el anciano, mostrándole una ventana clausurada.

Al día siguiente, nos dijo que sus tíos (fallecidos décadas atrás) comparecieron en su cuarto, prometiéndole estar pendientes de su situación. Inopinadamente formuló el siguiente pedido:

—Necesito unas llaves, voy de viaje —y tras breve pausa preguntó—: ¿Por qué le quitaste el techo a mi habitación? Paso el día entre nubes, contemplando el cielo abierto y los aviones, *Spitfire*, volando de aquí para allá. No supimos qué responderle. Quizás su alma empezaba a desprenderse y a explorar el siguiente horizonte existencial.

Asistimos desde temprano al hospital para acompañarle en su gravedad extrema. A eso de las tres de la madrugada volvimos a casa. Hablábamos con Román de su triste condición, cuando un evento luminoso se suscitó en el salón principal.

—¡Mira eso, papá! —gritó Román azorado.

Quedamos maravillados. Una luz muy blanca y brillante, adornada como por lentejuelas púrpuras, refulgentes, preciosas, se movía hacia el exterior. El esplendoroso espectáculo duró unos segundos, causaba la impresión de que poseía alas. Lo disfrutamos a plenitud hasta que desapareció por el ventanal de cristal de esa sección de la vivienda. Pensamos que se trataba de la manifestación de un ser muy positivo, superior, celestial, diríase que angelical. Así lo interpretamos, impactándonos hondamente como una experiencia sublime, inolvidable, quizás irrepetible en nuestra existencia mundana.

Con posterioridad al fallecimiento de Lorenzo, su espíritu se captaría frecuentemente en la casa. Desplazaban cosas en su recámara, sentíamos sus torpes pasos o mover la silla de ruedas; caían objetos, abrían y cerraban puertas y gavetas, entre otros inquietantes sonidos. Luego no nos dejaba dormir, entrando y caminando en nuestro cuarto.

Con el decursar del tiempo, las actividades extranormales se incrementaron sustancialmente. Las muertes de mamá y a posteriori la del primo, fueron dejando la casa cada vez más sola. A veces, en pleno día, acaecían ciertos eventos. En la noche eran alarmantes, por eso, al oscurecer, finalizada la cena, nos retirábamos a la alcoba hasta el próximo día. En el adyacente cuarto del extinto primo proseguían los fenómenos ya reportados. En la cocina caminaban y luego corrían, las maderas del piso retumbaban, sonaban los utensilios como fregando. Cruzaban rápidamente desde la aludida habitación del difunto, rumbo al recibidor.

Últimamente oíamos arrastrar cosas en el ático, donde reposaban, abandonadas, cajas de cartón o madera, con viejos documentos del fallecido dueño anterior de la propiedad. Una noche, nos movilizamos hacia el salón principal sobresaltados por un fuerte y prolongado sonido en el ático, como que empujaban pesados cajones. Temíamos que intrusos hubieren entrado en la vivienda por ese punto, empero, no hallamos nada. El insólito suceso se repitió, sin que descubriésemos su causa material.

Los postreros días los vivimos atrincherados en el dormitorio, apelando protección divina, pues las armas de fuego no podían hacer daño a los perturbadores e indeseados "inquilinos"; obviamente, porque ya estaban muertos.

La infestación espiritual se propagó al interior de la alcoba. Una ocasión, recién acostados, irrumpió un gélido viento (en pleno verano y con puertas y ventanas herméticamente cerradas) que provocó un remolino que derribó todo lo que reposaba en la mesita de noche. En otra oportunidad a Mariblanca la halaron por un pie, con una mano tan fría –helada–, que todavía al despertar pervivía la desagradable sensación. Jamás, en más de cincuenta años, experimentó lo acontecido veinticuatro horas más tarde: caer de la cama, con cuyo impacto despertó. ¿Cómo es posible que el evento ocurriera un día después de que tiraron de uno de sus pies? ¿Tendrá relación una acción con la otra? Para ella sí, porque es demasiada "casualidad" o "coincidencia" y se niega a aceptar el empleo de los que considera términos huecos.

Transcurridos seis meses de marcharnos de la casa, visitamos a los vecinos Mike y Grace. Por ellos conocimos con asombro que los nuevos inquilinos se quejaban de la frecuente aparición de dos fantasmas: el de una viejecita (cuya descripción concordaba exactamente con la de mamá) y el de un anciano malhumorado, en silla de ruedas, que incesantemente busca algo que no encuentra (el primo Lorenzo), aparte de otras entidades inquietantes.

Otra vez "casualidad" y "coincidencia" resultan vocablos manidos, superfluos, facilistas, socorridos, útiles para salir del paso en ciertas situaciones engorrosas a las que no encontramos explicación desde el punto de vista materialista.

Finalmente, sospechamos de la existencia de un vórtice o portal interdimensional en la vivienda, debido al intenso trasiego de entidades etéreas bajo su techo: fantasmas de adultos, de niños, orbes, fluidos amorfos, sombras, entre otros, que apuntan con fuerza la presunción anterior. Aunque nunca nos fue dable averiguarlo, suponemos que el mismo debió situarse, posiblemente, en las ventanas del salón familiar, pues era donde mayor actividad paranormal advertimos en la embrujada casa de Foye.

XI.- Representación de objetos materiales en las apariciones

Es cuando a la aparición espírita la acompañan objetos, artefactos y hasta las más diversas máquinas, que cotidianamente usaba el difunto durante su vida. Sobre este tan común como incomprensible fenómeno, aduce el maestro Allan Kardec en su obra citada (págs. 292-293):

"Por un efecto análogo, el pensamiento del espíritu crea fluídicamente los objetos que utilizaba habitualmente; un avaro manipulará oro, un militar mostrará sus armas y uniforme, un fumador su pipa, un labriego su carreta y bueyes, y una anciana su rueca. Estas representaciones fluídicas son tan reales para el espíritu como los objetos materiales lo son para el hombre; pero como son creaciones del pensamiento, su existencia es tan efímera como la de un determinado pensamiento."

Abordemos algunos ejemplos:

¡Soo, soo, caballo!

Guillermo, Victoria y Dorita vivían con su mamá y la abuelita, en una antigua casa colonial de Santiago de Cuba, en la calle de San Francisco, esquina con San Bartolomé.

Un estrecho corredor separaba la vivienda –por uno de sus costados– de otra residencia de similar arquitectura española. El pasaje proporcionaba cierto frescor a las ventanas enclavadas en dicha sección lateral.

Los tres hermanos relataron y confirmaron de idéntica forma en el transcurso de sus vidas, el misterioso acontecimiento que exponemos a continuación: En diversas ocasiones, acostados en uno de los amplios aposentos cuyo enrejado ventanal colindaba con el corredor, escuchaban un extraño ruido que se incrementaba gradualmente. Resultaba incomprensible para estos niños (a la sazón menores de doce años) sentir el golpeteo de unos cascos herrados contra el piso de adoquines del referido pasillo, que en el silencio de la noche rebotaban con fuerza y nitidez, acompañados por el cascabeleo de cadenas de los arneses y el bufar de un corcel embridado. Sus inocentes pupilas rechazaban aceptar la visión que cada vez se perfilaba mejor, de un gran bulto que adquiría la forma de un viejo carruaje tirado por un robusto caballo y conducido por un cochero de luengos bigotes que, con voz grave y profunda, decía: «¡Soo, soo, caballo!».

Con subida emoción, destacaron que el fenómeno era verdaderamente espeluznante, sobrecogedor y fuera de toda lógica, toda vez que por aquel pasadizo no radicaba ninguna caballeriza ni cabía un coche o carruaje, debido a su estrechez. Se desarrolló de igual manera durante años, a tal punto que se convirtió en costumbre y se advertían: «¡Ahí viene el coche!». Se tapaban de pies a cabeza, con la piel erizada, hasta que concluía el desfile espectral, frente a su ventana. Según ellos, lo narrado se reproducía fielmente, como una cinta cinematográfica, sin variantes. Gradualmente se tornó más esporádico el evento, hasta que lo dejaron de ver. La experiencia tiende a postular que así sucede con la mayor parte de los acontecimientos paranormales: suelen cumplirse o caducar con el tiempo.

La noche del coche

Como de costumbre, aquella noche conversaban en el portal de su casa campestre, en las afueras de Tampa. Cómodamente sentados, Gabriel y Miriam pasaban revista a las incidencias y quehaceres del día. El reloj marcaba algo más de las nueve, cuando un súbito y extraño ruido rompió la quietud nocturna que disfrutaban.

La memoria intentaba registrar aquel acompasado sonido que recibían sus oídos. El matrimonio intercambió inquisitivas miradas, remembraron algo conocido pero lejano, algo del ayer, pero no olvidado. Entonces tuvo lugar la identificación mental acústica de un coche o carruaje. Así lo sugerían el rebotar de los cascos herrados sobre el duro asfalto de la carretera, el inconfundible bufido de los sofocados corceles, el nítido cascabeleo de arneses y cadenas. Pero «¿un coche aquí, y a esta hora?»,se preguntaban.

El inusitado medio de transporte se detuvo detrás de un árbol, erguido próximo a una esquina de la propiedad. El esfuerzo por avistarle, inútil. Gabriel se dirigió cautamente hacia el punto. Todavía escuchaba el movimiento de las bestias y los agregados del coche, cuando alcanzaba la frondosa planta que lo ocultaba, sabiéndose testigo de un atípico suceso que no experimentaba ya por años. Se detuvo un instante y rápidamente se asomó tras el ancho tallo para descubrirle. Menuda sorpresa y desconcierto al percatarse de que allí no había nada, que el susodicho carruaje era invisible, no captable por sus atónitos ojos.

Regresó aturdido al corredor, donde aguardaba su esposa expectante.

—¿Qué pasó, Gabrielito? ¿Dónde está el coche? —indagó Miriam preocupada.

—No sé qué se hizo, la calle está completamente vacía —respondió inquieto. Un escalofrío estremeció a la buena mujer de pies a cabeza.

—Vamos para adentro —instó con desasosiego.

—Miriam, este evento no me gusta en absoluto —proclamó Gabriel gravemente—. La aparición del coche fantasma es mal augurio, como un heraldo, portador de noticias funestas. Ojalá me equivoque.

Desafortunadamente tenía razón. Al día siguiente así ocurrió.

Un barco en la oscuridad

Corría el año de 1972. Aquella calurosa tarde de verano Gabriel cruzó el canal en bote, remando hacia la cooperativa pesquera, ubicada frente a Cayo Damas. Casi a diario, al atardecer, cuando los trabajadores se marchaban, él salvaba el tramo de mar –de unos cien metros– para charlar un rato con los pescadores y, a eso de las nueve de la noche, se retiraba envuelto en la soledad al cayuelo.

Llevaba algún tiempo laborando como fotógrafo submarino (por entonces se contaban con los dedos de una mano las personas que desempeñaban esa peligrosa profesión en Cuba), pero en verdad, ejercía, además, la fotografía naturalista en general y la caza de aves, mamíferos y saurios, para la Facultad de Biología de la Universidad de Oriente, amén de la recolección de moluscos y corales marinos. Creó la mayor colección de diapositivas de Ciencias Naturales para dicha Universidad en esa fecha y, posiblemente, para todo el país.

Al atracar en el pequeño muelle de madera de la cooperativa, vio a Nelson, patrón de barco, sentado en el exterior del local, que fungía como almacén frigorífico, pesaje, de albergue y punto de reunión de los tripulantes.

Gabriel es un apasionado investigador de lo paranormal. Entrevistar pacientemente a lugareños para extraerles valiosas informaciones sobre el tema, ha sido una de sus inquietudes principales. Por ello, tras intercambiar saludos con Nelson, entablaron conversación incluyente de plurales tópicos. Fue así como inquirió al rudo patrón si había experimentado alguna vivencia rara, extranormal, en el océano, que le impresionara hondamente y que la relatara lo más exacto posible.

Vale aclarar que Nelson era un marino conocedor de su oficio, valiente y veraz, curtido al sol y al salitre, capaz de sortear marejadas y tormentas en dilatadas singladuras, conduciendo su pequeña unidad pesquera felizmente a puerto seguro.

Frunció el ceño y permaneció un instante pensativo, meditando su respuesta. Entonces dijo:

«He tenido numerosas vivencias en el mar, pero la que más me ha impactado ocurrió en una tormentosa noche, bajo torrencial lluvia y brutal marejada. El barco se zarandeaba como cáscara de nuez. Descendía en una interminable onda en la que parecía sucumbir y luego, milagrosamente, afloraba en la cima de otra cresta y volvía a reproducirse una y otra vez, en un sin fin desesperante». Tras breve descanso, prosiguió:

«Todos en cubierta, con los chalecos salvavidas puestos, empapados, agarrados a la borda, alertas, expectantes, angustiados, sumamente tensos». Tragó en seco y continuó:

«Entre el estruendo de las olas, que implacables embestían con inusitada furia y las atronadoras descargas eléctricas, avistamos a proa un navío de buen porte, que se acercaba velozmente. A priori, no concedimos importancia al asunto porque disponíamos de las luces identificadoras de reglamento, pero el aparecido no variaba el derrotero». Bebió un sorbo de café carretero y retomó la narración:

«Por los relámpagos apreciamos que se trataba de un barco de superiores dimensiones al nuestro, propulsado por velas, de varios mástiles, iluminado tenuemente con luces amarillentas en el puente de mando. Alcé la mirada en dirección a la costa y determiné que nos situábamos al sur del paso de La Bruja. Aferrado al timón, torcí ligeramente el derrotero al noroeste, en vano».

—¿Y cómo era el buque? —indagó Gabriel, tremendamente motivado.

«Su aspecto antiguo, como de los mil ochocientos, de madera y de relucientes velas blancas. El palo mayor, enorme». Afirmó el patrón con un brillo especial en los ojos y rostro inocultablemente emocionado. Respiró profundo y prosiguió:

«Ahora se sumaba otra preocupación: el misterioso velero se nos echaba encima. Mis subordinados gritaban desesperados ante una inminente y desastrosa colisión. A pesar de todo el empeño por evitarlo, era inesquivable el encontronazo; vociferábamos como locos, algunos cerraron los ojos para no ver su propio fin. Los corazones parecían reventar los pechos, los músculos contraídos al máximo, las manos apretaban las bordas, los pies pretendían clavarse en cubierta. Tras agónica espera, nada. La imponente embarcación desapareció, se esfumó sin dejar rastro».

Nelson lucía inquieto, notablemente alterado. Conocía que su espontánea revelación resultaba comprometedora, por ser militante del Partido Comunista de Cuba. Si algún correligionario le escuchaba y delataba, podría ser sancionado por "debilidad ideológica" y por desarrollar una labor de "propaganda oscurantista anti marxista-leninista". Corría el riesgo de que le expulsaran del partido y de su puesto de trabajo.

Gabriel, que le escuchaba embelesado, interrumpió la pausa:

—Lo que me cuentas es verdaderamente impresionante. Te creo porque te conozco, amigo.

Nelson lo miró fijamente, se incorporó del gastado taburete y partió al interior del poco ventilado y maloliente local. Llamó a los tripulantes (un maquinista y tres pescadores), quienes acudieron prestos y confirmaron, sin titubeos, la declaración de su capitán. Seguidamente agregó:

—Que mis hombres me desmientan si falto a la verdad al decirte que en otra ocasión en que navegábamos, volvimos a toparnos con el barco fantasma, durante una noche tranquila. Cruzábamos frente al litoral, curiosamente otra vez a la altura de La Bruja, con rumbo oeste. De repente, divisamos una nave a proa. Al inicio nos sentimos confiados y calmados, porque poseíamos las luces de ordenanza activadas, pero ellos no cambiaron la trayectoria. Encendimos una lámpara extra y la situamos en proa, para destacar nuestra posición. Inútilmente. Se nos venían encima rápidamente. Azorados constatamos que se trataba del mismo anticuado buque de velas, de configuración ochocentista, que encaramos previamente. Su sobresaliente palo mayor, su inmenso velamen, inconfundibles. Nos preguntábamos incesantemente: «¿qué barco tan anacrónico podría ser ese?».

El interlocutor observaba detenidamente la cara de cada uno de los tripulantes. Estos asentían y agregaban datos y detalles al suceso descrito, a veces al unísono, seguros, firmes, categóricos. Luego Nelson refirió:

—Cuando casi chocábamos y uno de los muchachos con el farol alzado ejecutaba señales para evitar el impacto demoledor, el agresivo intruso inesperadamente se desintegró, evaporándose ante cinco testigos presenciales —entonces concluyó—: Gabriel, lo que te narramos hoy es algo tan real, tan incomprensiblemente cierto, que forma parte indisoluble de nuestras vidas, recurrente hasta que nos devore la madre Tierra. Por si te apetece continuar investigando al respecto, te diré que no somos los únicos en sufrir esa espantosa aparición. Otros patrones y marineros han vivido la misma aterradora experiencia, es un evento sobrenatural inexplicable, conocido, al menos, en los mares de la costa suroriental de Cuba, absolutamente verídico.

Gabriel retornó al cayuelo acompañado por la soledad y por una multitud de pensamientos. Había rescatado, de la pérdida y del olvido, a un extraordinario episodio paranormal de carácter colectivo, al cual otorgaba credibilidad total dado su conocimiento personal de las víctimas, quienes efectuaron la confesión libremente, sin presiones, a su cuenta y riesgo.

¿Será que en los mares cubanos existe una especie de fenómeno análogo al del Holandés Errante? ¿O que el legendario barco fantasma también vaga por las aguas del Caribe? Interesante tema para las investigaciones futuras.

XII.- Conclusiones

Entre el mundo físico que habitamos y el espiritual que nos rodea, existe una incesante relación desde los más remotos tiempos de la humanidad, que constituye un proceso natural, cotidiano, con diversos matices de intensidad, que escalan desde lo más sutil hasta lo realmente tangible o palmario.

La vía más rápida y efectiva que se conoce para establecer esta intercomunicación es a través de los médiums, personas dotadas de cualidades y virtudes especiales para contactar y entablar un diálogo entre los difuntos y sus dolientes. Sin embargo, los individuos comunes, carentes de mediumnidad y de clarividencia, reciben un continuo "bombardeo" de señales desde ultratumba, que, por incredulidad o ignorancia, no son capaces de recepcionar o interpretar correctamente.

La actitud de respeto, la flexibilidad mental, la meditación, la observación, el seguimiento de los ritmos, la escucha y, sobre todo, la buena voluntad, abrirán muchas puertas y canales de comunicación con el mundo espiritual, interacción sumamente beneficiosa para ambas partes que debe tomarse como uno de los requerimientos y tareas por cumplimentar para progresar espiritual y moralmente en el plano que ocupamos.

La "lectura" de estos mensajes es bien difícil e incuestionablemente ardua, dado lo sui generis del poco convencional lenguaje extracorpóreo, que reclama de un superior esfuerzo e interés, en aras de su interpretación.

Ahora nos toca ser destinatarios y escuchas de los desesperados clamores de las almas. Después, otros encarnados recibirán los que seamos capaces de emitir como espíritus.

Mientras más eficiente y dinámica sea esta interrelación, mejor desenvolvimiento, claridad y progreso tendremos en nuestra existencia terrenal. Encararemos el futuro con resolución y optimismo, conscientes de que la vida prosigue más allá del deceso del cuerpo corruptible y que perviviremos siempre, como el agua que el sol evapora hoy y que mañana retornará a la Tierra en forma de rocío, en un ciclo de renovación constante, porque la muerte, en definitiva, no es más que una prolongación diferente de la vida que continúa su curso evolutivo a través de esa maravilla que es la reencarnación, inspiración y purga para el espíritu, sendero conductor hacia la perfección moral de la humanidad.

BIBLIOGRAFÍA

Andrews, Ted: Sea Psíquico. Traducción al Español por Héctor Ramírez y Edgar Rojas. Llewellyn Español. St. Paul MN USA, 2004.

Kardec, Allan: El libro de los espíritus. Traducción de autor desconocido revisada y corregida por Salvador Gentile. Mensaje Fraternal. Impreso en Colombia.

_____: El libro de los médiums. Traducida de la última edición francesa. De Pablo Internacional INC. Impreso en Colombia.

_____: El evangelio según el espiritismo. Traducción de autor desconocido. Revisada y corregida con la 3a edición francesa por Salvador Gentile. Impreso en Colombia.

_____: EL GENESIS LOS MILAGROS Y LAS PROFECIAS. 1a edición, abril 2005. Grupo editorial Tomo, S.A. de C.V. México, D.F.

La Grand, Louis E.: Mensajes de Alivio (Comunicación después de la muerte). Llewellyn Español. St Paul, MN, USA 2001.

Navarrete Pujol, Ramón: Catálogo Arqueológico de Santiago de Cuba. Mecanuscrito ilustrado. Santiago de Cuba, 1990.

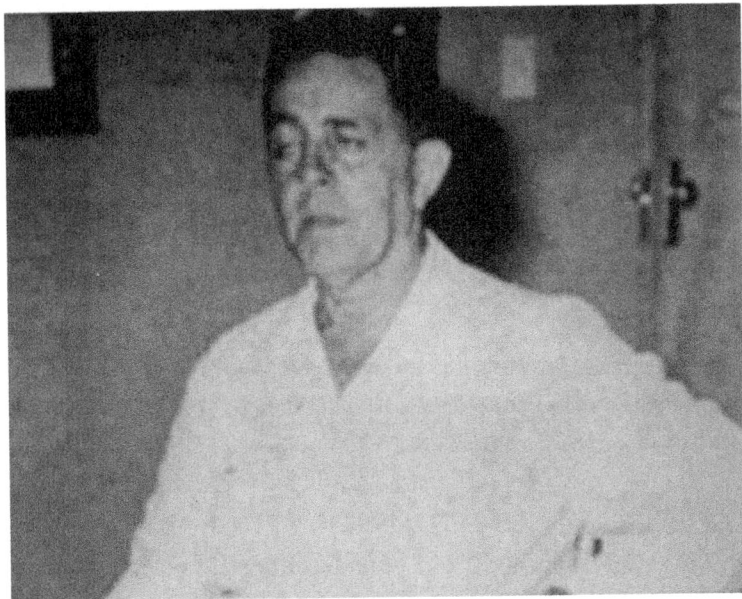

Lámina 1. Fermín Cowley

Lámina 2.

Lámina 3.

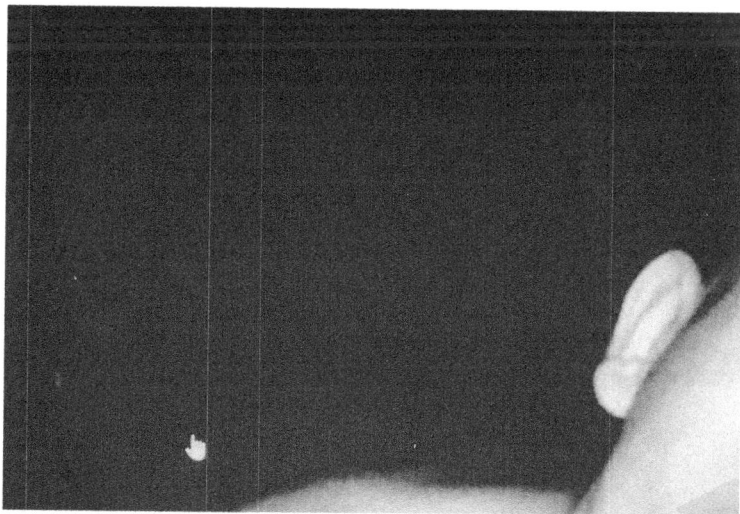

Lámina 4.

Lámina 5.

Lámina 6.

Made in the USA
Las Vegas, NV
24 September 2021